ちくま文庫

よみがえれ！　老朽家屋

井形慶子

筑摩書房

目次

はじめに――吉祥寺とロンドンでの「終のリフォーム」 8

第一章 立派な家より住みたい街を選ぶ 25
1 昭和の狭小住宅と中古ブーム
2 終の住み家はマンションより古い一戸建て
3 母と息子の幸せな競売物件

第二章 古家付き土地を狙う 49
4 吉祥寺「商店街至近」、15坪の戸建て
5 49歳の住宅ローン
6 こだわりの古家付き土地、購入前に確かめること

第三章　350万円で店を兼ねた住まいを作る　77
7　不景気でもリフォーム業者は大繁盛のナゾ
8　みんなのロマン「店を始める夢」
9　古家を守る「鉄砲階段」
第四章　バリアフリーにとらわれない終のリフォーム　109
10　開放感求める30代と、区切りたい中高年
11　ダウンサイジングの住み替えを邪魔する、居座る子どもたち
12　工務店の陰謀――真っ平らの床
第五章　おうちショップですべきこと　127

13　間取りの肝はコンセント、電話線の位置
14　「分電」「内カギ」「トイレ」でいつでも店が出来る家
15　建て売りから古民家の梁あらわる
16　客用の寝室を屋根裏に作る

第六章　庶民のリフォームを阻む壁　155

17　老朽ガス管が眠る街角
18　平均１０００万円、誰がための高額リフォームか
19　エコポイントで性能向上より、倒壊寸前家屋を救え

第七章　自転車操業工務店の届かぬ悲鳴　177

20　応援大工、登場
21　変わりゆく吉祥寺

22 近隣からのクレーム
23 小さな仕事をなぜ工務店は断るのか
24 珪藻土と瓦落としでコテージ風外観を
25 落下する鬼瓦

第八章 中古リフォームで手に入れる未来 217

26 安物ブリックにペンキを塗る
27 英国製タイルと白レンガで小さなカントリーキッチン誕生
28 昭和のわびしい風呂場を格安リフォームする方法
29 出入り業者に手を借りる
30 トラックの荷台に隠された照明
おわりに 266
文庫版あとがき 276

よみがえれ！　老朽家屋

はじめに――吉祥寺とロンドンでの「終のリフォーム」

私のガラクタ物件改造への探求心は、2008年の終わりに社員寮兼スタジオとして購入した築35年の老朽マンションによって火が付いた。

さまざまな調査で住みたい街№1にランキングされる吉祥寺駅徒歩圏内。にもかかわらず、タダでも住みたくないと放置され、ずっと買い手の付かなかったメゾネット式3Kの荒れ果てた住戸を500万円で競り落とし、200万円のリフォーム費用を投入することで、素晴らしい住居が出来上がった。

風呂を壊し、安普請のキッチンをはぎ取るように入れ替え、すったもんだの末、ロンドンで見たような暖炉のある魅力的なフラットが完成したのだ。

5ヶ月に亘《わた》る工事に疲労困憊したものの、この経験によってガラクタ物件と呼ばれる、業者も欲しない住戸でも、手を加えれば素晴らしい家に生まれ変わるという確信を持った。

老朽マンションをリフォームして理想の住まいに作り替えた後、次はロンドンの住みたい街首位に挙がる高級住宅街ハムステッドに、築120年の超老朽フラットを探し出し、イギリスの拠点を作った。

編集部の面々と廃材が散乱する現場に寝泊まりし、インド人の職人らと言葉や習慣の壁にはばまれつつ、リフォーム工事を進めた。図面を描き、大雪の中ロンドン中を走り回って、部材を探すなどして、ついに悲願のアジトが完成したのだ。

そうこうするうち、終《つい》の住まいへの考えもまとまった。

10年、20年先を考えた時、今のペースで吉祥寺と新宿を行き来し、連日午前様のハードスケジュールをこなすことはできないかもしれない。万が一にそなえ、編集、執筆、経営を地元でこなしつつ、仕事のベクトルをゆるやかに商いに傾けられれば、もっと毎日が楽しくなる。

老朽マンションと格闘し、いささか疲労はたまっていたが、次は安い戸建てを探すのだと、闘志に燃えた。

買い物症候群に陥った女性が次から次へと手当たり次第、買い物に腐心する。それが私の場合は、再び店づくりの夢に駆られ老朽物件に向かっている。長年お付き合いのある編集者は、「いつも創造力がみなぎっているんでしょうね。ガラクタ物件に取りつかれても利害が一致しているから羨ましいですよ」と、私の行動を面白がっている。

自分の保険を一部解約すれば何とかなるだろうか。いずれにせよ、30代で自宅を、そしてロンドンに拠点も持った今、不動産は、必要なものに絞り込む時期に来ている。

不動産は面倒くさい、わからないと家族に一任されてきた上、以前から自宅と仕事場は別にしてと言われてきた。そこでおうちショップの構想を話してみた。

吉祥寺のはずれに建つ今の家は大切に住み続けるが、60代、70代でひょっとしたら街中に移ることも視野に入れてという案に、店番なら定年後の愉しみになるかなと、夫も賛成してくれた。ただし、毎度のことながら、物件探しもリフォームも「静観」というスタンスは変わらない。不動産や住まいで身内同士モメる話をよく聞くが、関心もなければ欲もない人達にとって、相続物件や老朽家屋はできれば一生関りたくない案件なのだとつくづく感じる。

だからこそ、私も最後の家づくりに挑戦できるのだ。

このような決意の裏にはもう一つ理由がある。

19歳で出版社に入って以来、ずっと本を書き、雑誌を作り続けてきたため畑違いと思われるが、小さい頃から私は、買い物も、店をのぞくことも、そして物を売ることも大好きだった。

体調の良し悪しも、店をのぞきに行く気力があるかないかで見きわめるほどだ。下北沢に住んでいた20代の頃はもちろん、吉祥寺エリアに引っ越してからも、多少熱があっても商店街に出かける気力があれば、まだまだ大丈夫。躊躇するようならかなり重症で本格的な病気、と判断するくらい「商」と「店」に惚れ込んで、三度の飯よりお店を見たいという感覚は、東京でもイギリスでもこの歳まで薄らぐことはなかった。

DNAにしみついた商人気質とでも言おうか。

子どもの頃、祖父が始めた金物店の店先で、鉛筆やノートなど自分の部屋にあるものを並べ、勝手に販売したことは今もはっきり覚えている。今ほど潤沢に物が出回っていなかった昭和30年代のこと。自宅1階の店に出入りするお客さんが、熱心に鍋やタライを選ぶ様子を、2階から下りてきては物珍しく眺めているうち、自分も何かを売ってみたくなったのがきっかけだった。

ままごとのように5円、10円と勝手に値付けした入学祝の文房具を、近所のおばさん達が次々と買ってくれた。じき親に見つかり、片づけを命じられたが、あの時の興奮と楽しさはずっと脳裏に焼きついている。

吉祥寺に住んで早20年経つが、町中に出るたび、独特の商店文化に触発され、子どもの頃の夢と興奮が甦る。いつか店をという思いは、この街に住んだからこそ育った夢かもしれない。

吉祥寺は、人口約13万5000人を抱える武蔵野市の〝首都〟だ。

副都心新宿、そして若者の街渋谷から、電車で約15分の距離にある吉祥寺駅は、街の持つのどかなイメージに反して、一日の乗降者数が、人口の3倍を超える約42万人といわれている。また、ラッシュ時となれば、JRだけで上下線合わせて1時間に90本を超える電車が発着する交通の要所でもある。

ローカル色の強い渋谷始発の京王井の頭線は、昭和8年に帝都電鉄として開通し、終点井の頭公園までの短い区間をのんびりと2両編成の電車が走っていたらしい。

昭和の初めには、子どもたちが跳んで渡れる島があった井の頭恩賜公園の池は、江戸の水源地でもあり、湧き水をたたえた市民のための水浴場でもあったという。

梅林、松林、樫林、雑木林が残る武蔵野の自然環境は、中央線、井の頭線沿線の郊外住宅を大いに発展させ、どんどん店も出来はじめた。吉祥寺駅の西、武蔵野市中町には、昭和5年に横河電機が移転してきたことで、今ではサブカルチャーの発信地となった中道通り商店街が誕生、昭和13年に駅の北に中島飛行機の工場が建てられたことも、武蔵野市への人の流入を活発にした。

それが軍需工場エリアとなり、空襲による暗い史実を武蔵野市に刻むのだが。

今では吉祥寺の象徴となったハーモニカ横丁の薄暗い路地と、そこにひしめく小さな店々も、戦後のヤミ市が発祥だった。当時は舶来タバコも売られたという仲見世、中央通り、朝日通り商店街にのれん小路、祥和会といった、人がやっとすれ違えるくらいの狭い路地には、昭和の貧しくわびしい市場風情が漂い、現在もパルコなどのショッピングモールと共存している。

こうした新旧悲喜こもごもを包括した街の魅力を若者が独占することなく、地元のおばあちゃんがお達者カーを押し、若い母親が子どもの手を引いてそぞろ歩く。そんな様子を見るたび、老若男女、日本人も外国人も当たり前のように暮らせる吉祥寺で、自分も第二の人生を見据えた舞台づくりをしたくなった。

デパート、家電量販店の隙間を縫うように次々と誕生する、外国人が自国の味を競う小規模食堂やレストランからは、グルジア、アフリカ、ネパールと異国の匂いが漂う。

線の街ではなく面の街、吉祥寺には南北、東西を貫く二大アーケードの他、東急百貨店脇の大正通り、中道通り、ヨドバシカメラ裏の小道や路地も含めると、たてよこにいくつもの商店街やアーケードが交差している。街が商売人を呼び込むのか、商才ある人がインスパイアされるのかはわからないが、若者や外国人ばかりでなく、主婦や中高年までが店を出し、自分が選んだ好きなものを売っている。

訪問者の憧れ指数より、住人が吉祥寺を好きだと胸を張り、誇りにするパワーの凄さ。デパートや駅ビルが閉店するだけで、カメラを持った市民が大挙して押し寄せ、「淋しい」と涙する連帯感。物が売れないと日本全国の商店街がすたれる中で、シャッター通りとなるどころかテナントが退出すると、たちまち次の面白い店がオープンし、全国の商工会議所も視察に訪れる、商店文化の底力。

それは18歳で上京し、初めて吉祥寺を訪ねた時からずっと変わらない。

問題はこのような人気の街で店を始めようとする場合、高い保証金を払って店舗を借りなければならないということだ。

よって若者は商店街や住宅地で取り壊し寸前の家屋や老朽ビルを探し回る。コレクションさながらに、世界各地で見つけてきた服や、雑貨を売る小規模店の多くは、老朽戸建てや自宅の一部を改装するなどした店舗で、おうちショップを開き固定客を摑んでいる。

商店街近くの住宅街に点在するおうちショップは、のんびりやっても採算が取れるようで何十年も続いている。

小売りの経験も知識もないけれど、私ならもっとこうするのに……と、建ち並ぶ店を覗いてはあれこれ考えてきた背景には、故郷、長崎より長く住み続けた吉祥寺へのどうしようもない愛着があったと思う。

私も気負わずイギリスで見つけたものを、商店街の片隅で販売してみたい。イギリスのカントリーサイドや村々には、辣腕のバイヤーも探し出せない素晴らしい品々が眠っている。それらを思い浮かべるたび、きっと吉祥寺でうけるはずだと、ロンドン拠点づくりの最中も構想はムクムク膨らんでいった。

家余り日本、デフレ日本で素晴らしい老朽物件はこの街にもまだまだ眠っているはずだ。ひょっとしたら、車1台分くらいの価格で老朽家屋が見つかるかもしれない。

体力、気力がある50代のうちに、長引く不況の追い風を受けて、人生後半の舞台、「おうちショップ」をつくるのだと密かに決意した。

吉祥寺の商店街のそばで見つけた「古家付き売り地」

15坪の敷地に建っていたのは、築31年、2階建ての建て売り住宅。南に面したブロック塀の裏には、ヒバの木が立っている。不動産業者曰く「あくまで取り壊しが前提の建物」。つまり売り地として販売されている物件だった。

玄関から入ってすぐ左に階段、右に6畳の和室というつくり。きしみのない廊下の先にはキッチンが見える。

門を入ると、右に小さな庭があった。

1階の和室。障子を開けると、南側に植えられた庭木を通して昼間は木漏れ日が差し込む。

隣家の壁との間隔は非常に狭い。そのため、1階の和室の腰高窓からは隣家の古壁と小窓しか見えなかった。

2階南側の6畳の和室。ベランダがあり、明るい。

2階北側の眺めのいい4畳半の和室。

少し急な階段を上がるとすぐ左にある2階の3畳の納戸。

北側のキッチンの磨りガラスには緑の葉の影が映り込む。

脱衣所兼洗面所や、民宿の風呂のようなタイル貼りの浴室の窓の外にも葉の影が揺れていた。

門塀を切断してその大部分を取り払った。そして、前庭をつぶし、ここに、部屋の床と同じ高さのウッドデッキを施工する。6畳間の窓を開ければそこからさらに4畳程のスペースが戸外に広がることになる。

1階南側の6畳の和室を、店舗にも使えるように作り替える。

「おうちショップ」として使えるようにするためのリフォーム工事が始まった

住まいの中に店舗を作るには、電流の容量を上げて分電する必要がある。業者と相談の結果、ブレーカーを2ヶ所に設置。

敷地15坪という狭小住宅でありながら、1階にトイレと洗面台を2ヶ所ずつ設置することにした。

水回りの配置を変える床下の作業。

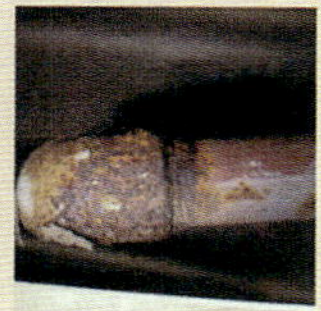
フジツボが付着した磯の石を思わせる、でこぼこした老朽ガス管。工事中、この管からガス漏れが起こっていたことが明らかになり、作業が中断された。

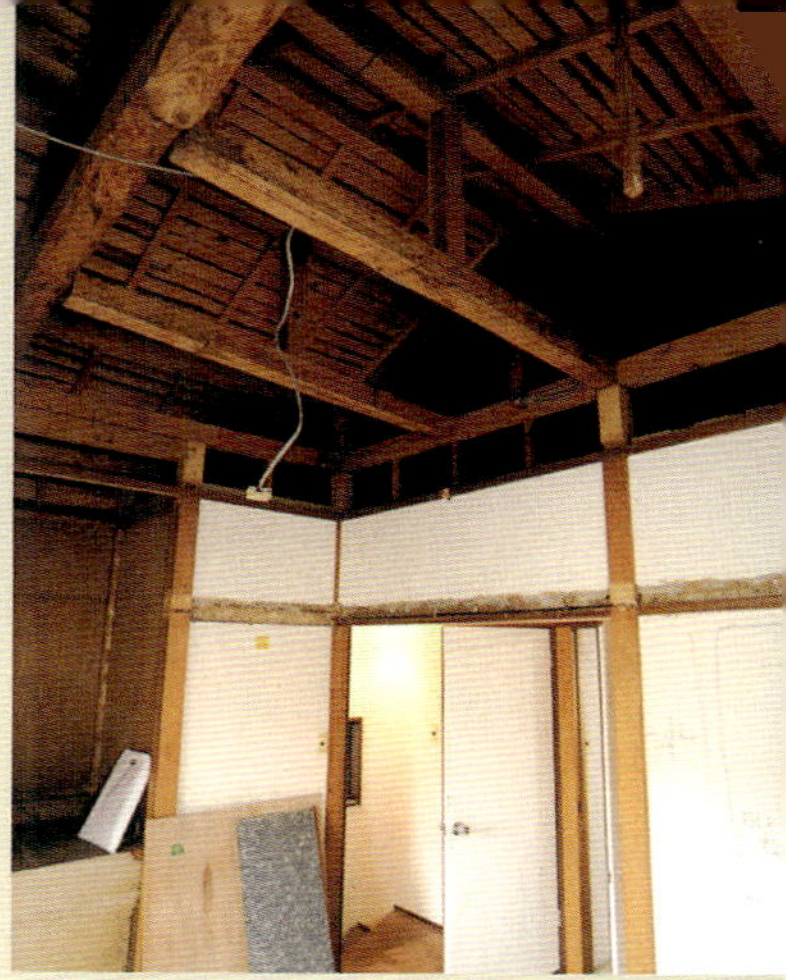
２階の南側の６畳和室。ここを洋室にし、屋根裏部屋を作るつもりで天井板を取り払ってみたら、野太い原木の梁が現れた。古家を水平に支える巨大な突っ張り棒。銘木さながらの梁は、骨董品のように黒光りしていた。

編集部を抜け出し、古い床を剝がす。

２階南側の洋室の壁にはくりぬき棚を、天井板を抜いた屋根裏にはゲスト用寝室スペースを作る。

外観も、内側も、白を基調に作り替え

外壁を珪藻土で仕上げる工事の最中、屋根の鬼瓦が落下しそうになっていることが判明。また屋根の上の瓦があちこち割れていることもわかった。

玄関ドア上部の張り出しにはオレンジ色の西洋瓦が貼り付いていた。それを取り払い、外壁には珪藻土を塗る。外壁を珪藻土で仕上げる工事は足場を組まずに、ハシゴがけで行われた。

玄関ドアを取り替えると数十万円かかるため、ペンキでアイボリーに塗る。その前に、硬質のやすりで塗装を削り落とす「あらし」の作業を施す。

1階店舗スペース前の庭をつぶして、ウッドデッキを設けるために、その土台を作る。

門塀や玄関脇の壁も白い珪藻土で仕上げる。

さらにブリックタイルにペンキを塗った。イギリスのカントリーハウスやパブで見られる、白くペイントした味わい深いレンガの壁をこの家に再現したいと考えた。

2階南側の部屋の壁に、白いブリックを貼る。1階の店、キッチンにも。これにより、薄暗い古家が、イギリスの小さなコテージのような印象に変わる。

浴室のリフォームは、従来のタイルの上に新たに白いタイルを貼るという単純な方法。かつてスコットランドから取り寄せたハイランドの風景が描かれている手描きタイルも、浴室に貼ることに。

著者が参考にしたイギリスの家に見られる石壁をペンキで塗ったブリック・ペインティングの施工例。

キッチンユニットの周りには、コッツウォルズの工房で若い芸術家カップルが手彫りの型に土を入れ手焼きした、乳白色のタイルを。花や木を浮き彫りにしたこの英国製タイルを普通の白色タイルと交互に貼る。

店舗スペースの部屋から外のウッドデッキを見る。手前は著者がデザインした小さな水場。

1階の洋室前のウッドデッキ。窓上には出したり、引っ込めたりできる深緑のオーニングを。

目指した家のフォルムが現れた

手作り洗面所は、壁一面の鏡や懐古趣味的なランプの黄色みがかかった照明をしつらえながら、すべて白いレンガと英国製タイルの組み合わせで仕上げた。ガラスの棚や古材のタオル掛けも取り付け。

キッチンの壁2面にはブリックを貼り、ニスを塗った古材と組み合わせ、狭さがあたたかな雰囲気に。

2階南側の洋室。梁に直接、ゴシック調のシャンデリアを取り付けた。屋根裏部屋にはハシゴで上がる。

2階南側の吹き抜け洋室の屋根裏部屋。

2階の和室の襖は貼り替えた。壁と同じアイボリーのクロスを、空気が入らぬように丁寧に貼った。

店舗用にもトイレを追加して、1階に2ヶ所出来た。

浴室。かつて買って家のあちこちに置いてみたが、しっくりこなかった絵画タイルが生かされる場所に。

新しい家に光が灯る

隣家の壁との間の狭い通路には、何本かのソヨゴの木を目隠しに植え、その下からライトアップするよう外灯を配した。こうして、狭く薄暗い隣家との通路を大きな見せ場とした。

アイボリーに塗りなおされた玄関のドアが映える、よみがえった老朽家屋。15坪と小さいながらウッドデッキや、門の内側にはガーデニングコーナーもある。向かって右手にはレモンの木も植えた。

白を基調にした住居入口付近から中を見る。左は2階に上がる階段。右は店舗スペースの部屋。中央奥にキッチン。店舗スペースとキッテンにはアルミ製の傘の照明を吊るし、そこはかとなく昭和の雰囲気をとどめた。それがペンキを塗った粗いブリックの白壁に思った以上に似合っている。

第一章

立派な家より住みたい街を選ぶ

1　昭和の狭小住宅と中古ブーム

ある時、商店街近くの閑静な住宅地に看板を見つけた。通路の奥に、うっすらと灯火が見える。わくわくしつつ、奥に進むと、家に挟まれた狭小地にいつ出来たのか、取り壊し寸前といった昭和初期の木造住宅を改装した店があらわれた。

売っている雑貨よりこの哀愁漂う、秘密めいた店のつくりに感動した。日に焼けた板塀と玄関横の坪庭に置かれた椅子も風流。よく出来たものだと、怪しまれないよう建物をチェックした。老朽家屋の「古さ」が渋い魅力をかもし出している。

通路の間口はわずか1メートルだから、再建築不可の古い家屋と思われるが、このような立地は「隠れ家風」が大好きな現代人には強烈にアピールする。店舗として貸そうと考えた家主は賢い。

同じような例がまだある。やはり取り壊し寸前という風情の店舗付き住宅の2階に暮らす老夫婦は、商売に行き詰まった中華料理店が出ていった後、吉祥寺で店舗を探していた若い女性に店を貸した。

それまで家賃が入るから仕方ないと、料理の匂いをガマンしながら暮らしてきた老夫婦は、ギトギトと油がこびりつき、すっかり汚れた築40年の建物を、まるでギャラリーのように賃借人がきれいにしてくれた、毎朝スコーンの焼き上がる香りで一日が始まると、すっかり喜んでいた。

ふたつの老朽戸建ては、いずれも敷地が十数坪の狭小住宅。しかも元中華料理店だった家は、売買しづらいといわれる店舗付き住宅だった。

そこに需要と供給が一致した。昔から吉祥寺に住み、商売をしていた人が引退した後、資金力はないけれど、この街を愛する若いテナントによって我が家を化粧直ししてもらい、家賃収入を得る。

そういった意味でも、知名度が高く、土地がないといわれる下北沢、自由が丘と同じく、この街の古家には可能性が渦巻いている。店を開きたいと願う人に対して物件の供給が追いつかず、町中の不動産屋を訪ねると、「皆さん、雑貨店やカフェを始めたいって探しにくるが、ハコがないんです」と、言われるほどだ。

このような吉祥寺店舗の需要はどこからくるのか。

JR吉祥寺駅を降り、中央口に出ると線路の北側にロータリーがある。

この広場は私が生まれた昭和30年代に計画された。吉祥寺の乗降者数を20万人に引き上げるためには、駅前広場がなければ交通の結節点や動線が完成しない。小さいながらもこの広場が完成したことで、半径5キロ圏内に居住する100万人ともいわれる住人をつなぐバス便交通網が完成した。

吉祥寺駅を起点に東には丸ノ内線の始発駅、杉並区荻窪があり、北は西武新宿線や西武池袋線が走り、ベッドタウンの光が丘、大泉学園とつなぐ。南は三鷹市を越えて京王線の調布。そして西には西東京、小金井がある。これらの街とバスで結ばれた吉祥寺は、豊かな中流層を抱え込む、城西エリアきっての一大商業圏となったのだ。

吉祥寺のバス便については余り報じられないが、住人や店をかまえる人まで、これほどたくさんの沿線に交通網を張り巡らせた街などめったにないと、地の利の良さをメリットに挙げる。これが店舗探しを難しくしている。

週末、吉祥寺に向かう幹線道路は渋滞するが、遠方からの乗り合いバスは、通勤ラッシュ並みに満員だ。窮屈な思いをしても、地元の最新ショッピングモールにはない個性的な店やレストランを目当てに、人の流れは駅前広場から三鷹方向の、土の香りと外国文化と最新トレンドが合わさった最も吉祥寺らしい商店街へ流れていく。

東急百貨店吉祥寺店裏の閑静な住宅街には、東西に走る3つの通りがある。北から大正通り、昭和通り、そして中道通りだ。400メートル以内の歩ける範囲に商業地、公園など、全ての要素が詰め込まれている「面の街」といわれる駅周辺の商業地は土地がなく、すでに開発し尽くされ、あまたの商店街、路地、横丁に勢いが飛び火しているのだ。これ以外にも吉祥寺には猫の額ほどの小さな店が点在する裏通りがいくつもあり、気のおもむくままウロウロすると、突然、一般の住宅に珍しい店がオープンしていたりして、私のような店好きにはたまらない。

武蔵野市のデータによると、商業地である吉祥寺の総売り上げは2041億円（2007年度）で10年前より413億円下回っていた。だが、日本の商店街の多くがシャッター通りと化し、壊死している中で、10年間で店が34店舗減っただけという数は健闘しているといえるだろう。その根底を支えているのは、1120軒（2007年度）あるという個人事業主による小売店によるところが大きい。

数年前、吉祥寺のへそであるアーケード、サンロードに空き店舗が出た時のことだ。近くに大型書店もあり、1階でもあったため、すぐに問い合わせてみると、20坪に満たない小さな店にもかかわらず、保証金が2000万円といわれた。編集部のある新宿のオフィスビルと比べても法外だ。

「困ったものです。駅から北に延びるサンロードと東急百貨店に向かうダイヤ街は、いずれも目抜きのアーケード。街の人気が先行して、駅に近いA地区と呼ばれるブロックを借りるには、保証金が3000万～5000万円、地下でも1000万円以上かかる。新宿やおしゃれな代官山より高い。だから、アーケードにはドラッグストアや格安メガネ店など、量販店が増えているんですよ」

親しい地元の不動産業者も、それでも借り手は付くのだから、この街はすごい、何しろ東京・多摩地区の住宅地の地価を高い順に並べたら、吉祥寺が4位まで占めるんだからなぁと言った。

駅前のごちゃごちゃした市場も状況は同じ。100店舗近い食堂、雑貨店がひしめくハーモニカ横丁も空きが出るたび資料を取り寄せてみたが、一坪ショップさながらなのに、賃料が月30万〜50万円、保証金500万円近くと、どうソロバンを弾いても服や雑貨をチマチマ売っていたのでは、絶対見合わない図式になる。

「しかもあそこは5年間の定期借家です。再開発の噂が見え隠れするから、家主も長期で貸さないんでしょう」とは地元業者。

その結果、吉祥寺で商売したい若者は、リヤカーで引き売りしたり、井の頭公園で露店を開いたりと、あれこれ工夫する。こうして吉祥寺人気が上昇するほど、店舗OKの老朽一戸建てや木賃アパート、古いマンションが注目を浴び、空き待ちの行列ができるのだ。

世界に目を向ければ、経済がどん底のアメリカでは、住宅などの資産価値が急激に下落し、夫婦が別れて財産分与をしても割に合わないと、離婚調停の件数が減少した。また、オーストラリアやニュージーランドでも、節約志向が強まり、スーパーでピザやビールを買い込み、「おうちご飯」に徹するなど、「巣ごもり消費」の関連商品が飛ぶように売れている。

つまり、一部の金持ちを除けば、世界中がケチケチ生活を始め、なるべくお金のかからない生活をしようとサイフのヒモを引き締めているのだ。吉祥寺で安価な衣料品、雑貨など、低価格商品を扱う店が増えているのも当然だろう。

だから「安く物を売ろうとすれば、高い賃料など払えない」と、地元不動産業者もかつては見向きもされなかったようなビルとビルの狭間にあるオンボロ店舗を推す。

少なからず、いつかお店を持ちたいと考えていた私は、吉祥寺の中でもじわじわと発展を続ける商店街やその裏手を歩き回り、人の住んでいないような木造家屋に手紙を差し込んだりしてみた。知り合いの業者に直接当たってもらった古家もあったが、いずれも家主の子どもらに反対され、「売る気がない」と突っぱねられた。

だが、この街のどこかに私が情熱を注ぎ込める古家がまだ潜んでいるかもしれない。私は週末ごとに吉祥寺を歩いた。これまで諦めていた商店街と住宅地が融合する辺りに、住人を待っている空き家がないだろうかと、路地や小道を歩き回った。吉祥寺で500万円の老朽マンションを手に入れた時は、どうやって見つけたんですかと、希少物件の探し方をずいぶん尋ねられた。だが、発掘の確率を上げるには、とにかくこまめに調べたり、内見をする以外ない。

そんな折、ネットを見ていると、吉祥寺のはずれだが所有権で1050万円という一軒家が現れた。東京女子大学の近くで西荻窪とのボーダー。「女子大通り」といわれる美味しいケーキ屋や人気のインテリアショップが並ぶエリアも近い。正式には古家付き土地とある。駅から遠いが、間取り図を見ると、昭和の老朽物件で庭もある。不気味に安い。何かあるかもしれないが、とにかく、その安さに引かれて早速内見に向かった。

2　終の住み家はマンションより古い一戸建て

10年以上前、自宅を建てる前に、吉祥寺駅に近い住宅地の中で2000万円という家が売りに出た。いわゆる「古家付き土地」だ。ひとり暮らしの老人が居住中の昭和枯れすすき風2階建ては、施設に入る資金を調達したいという売り急ぎの物件と聞いた。リフォーム派の私としては、多少傾いていようとも上物《うわもの》があるだけで御の字だ。

チラシを握りしめ、すぐに現地に飛んだところ、15坪の敷地に建つ家は戦前の建物らしく、木枠のガラス窓とツタが絡まったトタンの外壁。泣けてくるほどイキだった。

肝心の道路付けは東南角地と超一級。安い理由は建て替える際、建ぺい率と容積率の関係でアパート並2DKの狭い家しか建たないことだった。ところが増築に次ぐ増築で、現状は制限をオーバーした違反建築らしい。

中に入ると、キッチンは安普請だが、使い込んだ味がある。全ての部屋にふたつ窓があり、2面採光、お勝手口もある。建て替えせずリフォームをすれば、1階に2部屋、2階に2部屋あるのだから、素晴らしい家になる。値引き交渉できますという言葉に、思い切って150万円引きの1850万円で申し込みを入れた。売り主からの回答は、田舎の法事が終わってから出しますということだった。

ところが、待てど暮らせど返事が来ない。「売り主さんがつかまらない」「書類が揃わない」と、仲介業者に何度問い合わせてもかわされる。おかしいと思い、会社に出向くと、申し訳なさそうな顔をした担当者が「実はご親族に法事の席で反対されて、売り止めになったんです」と、言うではないか。

あの吉祥寺かい。そんなに安い値段なら私がその家を買って、東京で英会話教室を開いている息子夫婦に貸したいと詰め寄られ、老人も売り止めを承諾したという。とんびに油揚げをさらわれるとはこのことだ。その後、昭和枯れすすきの家はリフォームされて、ネイティブも出入りする外国人好みの古民家風住宅となった。

値引きをしなければ、最高の条件で一軒家が持てたのにと、マンション住まいだった私も家族もがっかりした。

あの時の反省から、吉祥寺で安い古家付き土地が出ると、パブロフの犬のように何をおいてもまず、見に行く。

何度挫折しても、次に期待をかけ、闘志は衰えないのだ。

さて、ハイソなイメージが漂う女子大通りから1050万円の一軒家に出向く。正確には売り地であるが、それにしても異常に安い。

吉祥寺駅から歩くこと20分。

おちあった仲介業者はまだ若く、駅前のオフィスから自転車をこいできたようだった。開口一番、「気に入っていただければ値段は交渉できますので」と、低姿勢で名刺を差し出した。半年以上買い手がつかなかったという物件は、車が止められない高台にあるという。神奈川や多摩市ならいざ知らず、吉祥寺で高台に建つなど、どんな家だろうと期待に胸が高鳴った。

狭い道を進むと、前方にJRの高架線があり、老朽家屋はその真下の造成地に建っていた。

これはだめだと、瞬間的に思った。

電車が通るたびに音が響く。地震が来たらコンクリートの塊で潰されてしまいそうな恐怖感がある。建物は築45年らしい。中を見てみたかったが、「売り家ではなく売り地なんです」と、家の中は原則見せられないという。

ネットには開放感ありとあったが、高架下の向こうが運送会社の駐車場という意味だった。

「相続した地方にお住まいのご子息も、固定資産税だけがかかると、さっさと売却したいらしいんです」

「それで1050万円なんですね」

そういう私に若い業者は、電車の音はお住まいになるうち、慣れて気にならなくなりますよ。13坪とはいえ、更地にすれば1500万くらいでお好きな家が建てられるんですよ。今どき、吉祥寺で3000万円台程度の費用で新築一戸建てが持てる。そう考えると、お買い得じゃないですかと、しゃべり続けた。

彼の話を聞きながら、高圧線のたもとの家をいい値段で売ったんだと、自慢した業者のことを思いだした。「よくそんな所をお客さんに勧めましたね」という私に、「高圧線の下は電磁波も流れて、肩こりや腰痛にもいいらしいですよと言ったんです」と、あっさり。

そういうあなたはその家に住めるのですかという言葉が喉まで出かかった。

若い業者は、そんなことをぼんやり考える私の前で、連絡先など書いて下さいと、ガサガサと書類を探し始めた。

家に続く小道や石段には昭和の情緒があるものの、動かせないマイナス住環境は、たとえ家を建て替えても、リフォームしても一生ついてまわる。賃貸で募集しても借り手がつかないということだから、たとえ半値になったとしても買わない方がいい。やんわり断った。

「なら、お客さんのご希望を教えていただけませんか。ご予算はおいくらなんでしょうか」

一転して追い込むような言い方にムッとした私は、「2000万円台で吉祥寺の一戸建てです。建物は古くても構いません」と、言った。

「えっ、2000万円台?! それでは中古マンションも買えませんよ。もう少しご予算を組んでいただくか、探す場所を考えていただかないと。何しろ吉祥寺は人気の高い街ですから、どこかを妥協しないと無理です。だいたい、全て満足できる完璧な不動産などありませんから」と、上司に教わったかのような説明を、鼻高々に始めようとした。捕まったら大変だ。用事がありますからと私は早々に退散し、街の喧噪を求めるように住宅地をジグザグに歩き、吉祥寺駅に向かった。

実は私が今も一戸建てにこだわる理由は、店を持ちたい夢以外にもう一つ別な理由がある。

一見、便利に思えるマンションの煩わしさが苦手なのだ。

ほうぼうのマンションでは住人の高齢化に伴う大きな問題として、管理組合の役員のなり手がいないことが取り沙汰されているという。ここにきて、仕事をしている、単身赴任である、賃借人が住んでいるなどの理由では理事長など役員の責務を逃れられない管理規約を規定する動きもチラつき始めた。また、月々徴収される管理費、修繕積立金も建物が古くなるほど値上げされる可能性もある。長いマンション暮らしから一戸建てに移った時、正直肩の荷が下りたのも事実だ。

たとえすきま風が入ろうとも、自分のペースで管理したり、修繕できる戸建てが私には合っている。小まめに手入れはできないが、庭も欲しい。

一戸建てなら管理費分を家の補修費や植栽などの美化に使うことができるし、管理やお金の問題をはらんだ近所付き合いも必要ない。

こんなことを数年前に夫を亡くした女友達に話したところ、「そうかしら。年をとれば鍵一本で外出できるマンションが絶対いいというじゃない。一軒家は手もかかるし、泥棒も入る、階段もある。とにかく危ないわよ」と、反論された。現在夫が購入した一戸建てに暮らす50代の彼女は、今より狭くなっても新築マンションに住み替えたいと、あちこちのモデルルームに足を運んでいる。

彼女に限らず、単身世帯の女性にとって、マンションは安全性、機能性、利便性の三強が揃う完璧な住まいなのだ。その引き替えとして煩わしい近所付き合いや、管理費、修繕積立金がかかっても構わないという。

イギリスでは日本の大型マンションのような大規模な集合住宅がきわめて少ない。その上、庭と日々の暮らしが切り離せない国民性もあって、最後に選ぶ家は、小さな街や村の中心部に建つバンガローと呼ばれる平屋や年代物の狭小住宅、コテージが多い。家も庭も年齢と共に小さくなる。たとえ一人になっても、少ない家具と生活道具に囲まれ、小さな庭で花を育て、犬や猫と暮らす。

そのシンプルな住まい方には、自然との一体感が感じられ、日本とは基準の違う快適さがあるのだと思える。

ずいぶんと後になって面白い調査結果を見つけた。日本でも老後の住まいに平屋を選ぶ人が増え、マンション派は減少しているというのだ。住環境研究所調査（2010年）によると、老後の理想の住まい、第1位は「平屋」で46・9%、次に「マンション」32・5%、そして「一戸建て（2階建て以上）」と続く。平屋と一戸建てを合わせると、7割近い人がマンションではない住まいを求めていることがわかった。興味深いのは、平屋のメリットとして「庭が楽しめる」と地べたに根ざした土の匂いのする暮らしを、多くの人が挙げている点だった。

もしかしたら、日本人が終の住まいに求めるものも、これまでとは変わってきているのかもしれない。

2009年6月には、耐久性が高く管理しやすい住宅を「長期優良住宅」と認定する法律も施行された。国を挙げてのフローからストックへといった住宅政策と不況が後押しし、同年7月には首都圏の中古マンションの成約件数は、5ヶ月連続で前年を上回り、それ以上に中古戸建て住宅は前年同月を10・3％も上回った（東日本不動産流通機構調べ）。

このような流れの中、吉祥寺でお宝マンションを発掘したい人向けに、1000万円前後の格安、老朽マンション売り物件をウインドウに掲げる仲介業者も登場した。

ポストに放り込まれる物件チラシを見れば、「値引きします。買って下さい」という悲壮感漂うものから、「今が最大のチャンスです！」という自信たっぷりのポジティブなものに変わっている。

読むと、地元の業者が声高に中古物件をPRしている。

「新築マンションの分譲数が激減する中、家をお探しのお客様が中古市場に流れています！　築浅の住宅ローン控除が適用されるマンションだけでなく、古いマンションも大変売れているのをご存じですか？　時代はリフォーム！　中古を作り替えて夢のマイホームを手に入れよう！　ぜひ、○×ハウスにご用命下さい！」

一気に噴き出した今までにない現象。

吉祥寺で500万円前後の格安中古マンションが出たら教えてほしいと、『老朽マンションの奇跡』（新潮社）を読んだという見知らぬ方からも、毎日のように編集部にメールや電話が入った。すっかり吉祥寺の不動産事情に詳しくなった上司らは、部下に向かって「家を買うなら、吉祥寺にしろよ」と、自信を持って勧めるなどまんざらでもない様子だった。

これらのことがさらなる闘志を奮い立たせ、安い家、老朽物件探しに駆り立てられた。

3　母と息子の幸せな競売物件

ところで、2009年に発表された公示地価は全国平均で3年ぶりに下落した。地価は経済の動向を映す鏡といわれるから、ぬか喜びもできない。失業率はますます上昇し、物が売れないとシャッターを下ろす店は確実に増えている。

表参道や原宿に近い都心部や田園調布など、人気住宅地の地価急落はすさまじく、2005年までは8万戸前後だった首都圏マンションの新規発売戸数も、2009年には3万6000戸余と、半分以下に減った。けれど、吉祥寺限定で見れば、少し前のミニバブルははじけたものの、武蔵野、三鷹地区は下げ止まった感があり、中古マンションはこれまで以上に堅調に動いていた。本気で家を探す人にとっては、物件数は目減りしたものの、昔より安くなったのだから有難い時代に入ったといえる。

これまでとは違う家の買い方も出てきた。その一つが不動産競売だ。この年の8月には、新聞で不動産競売が昨年と比べて倍増していると報じられた。私の周りで、それまで家を探していた人の口から、「競売物件」という言葉が聞かれるようになったのもこの頃からだ。

そもそも競売とは、借金の返済に行き詰まり、担保物件の買い手が見つからないときに裁判所を通じて売りに出す手続きのことを指す。

発表されたところによると、2008年3月の競売物件は3773件だったのに、2009年7月には前年同月比70％増の7229件まで増加したという。約半数は戸建て住宅、2割弱がマンション住戸ということだった。裏を返せば、それだけ資金難に陥っている人が増えているということか。

最初は返済額を少なくし、一定期間がすぎると金利が上がる仕組みのローンを組んだ人々は、給料がカットされたり、事業に失敗したりするとローンの返済ができず、自宅を差し押さえられ、競売にかけられる。経済が上向きにならない限り、今後も競売物件はますます増えていく見込みだ。このような競売物件を落札し、リフォームした後、再販する技は、これまで業者の専売特許のようなものだった。が、ここにも嬉しい変化が訪れている。

内見で出会った不動産業者と、よもやま話をしていると、「この前、東京都下の一軒家を300万円で落札したんですよ」と自慢気に言った。

「えっ、300万円ですか」。身を乗り出す私に彼は得意になって、「競売ですよ。僕らみたいな業者は格安で物件を仕入れて、リフォーム後に再販する。結構手間かかるんですけど、儲かる」と言った。

すごいじゃないですか。どうやって入札するんですかと問う私に、「ダメダメ。これは業者の特権みたいなものです。あなたみたいな素人は競売など手を出さず、うちみたいな業者からきれいになった物件を買わないとヤケドしますよ」と、軽くあしらわれた。

だが、途方もなく高い吉祥寺の中古戸建て購入の壁を、この方法で突破できるかもと胸が躍った。

さっそく家に飛んで帰り、パソコンを開く。

競売情報をまとめたサイトで、吉祥寺を含む武蔵野エリアの競売物件を管轄する東京地方裁判所立川支部のページをのぞいてみると、ある、ある。数百万円台のマンション、戸建てが続々と紹介されている。安い物件は東京のはずれに多いものの、これぞ住宅の価格破壊だと、夢中になって情報を追った。

だが、残念ながら、吉祥寺界隈の物件は皆無だった。三鷹のはずれにひとつ、ふたつあったマンションも、いい値段がついていた。

競売で人気の街・吉祥寺の物件を手に入れるのは難しいのだとがっくり肩を落とす。

だが、エリアを外せば、安く住宅を取得できる方法であることは間違いない。

そんな折、お嫁さんとふたりで手芸を教える教室を始めたいと、家を探していた親しい60代女性から偶然にも競売の話が上がった。

「ここ知ってるかしら。とてもいい住宅地なのよ」と、彼女は資料を見せてくれた。

「見て、安いでしょ。東京都府中市の第一種低層住専地域に建つ４ＤＫ一軒家が、490万円から入札できるのよ」

「えっ、４９０万円でですか。ゼロがひとつ違う」

「安いでしょ。だから私、入札専門業者にお願いしたの。その人と相談して、８００万円で手を挙げるつもりよ」

「８００万ですか」

競売に関して依然知識のなかった私は、彼女が携帯電話で撮影したその瀟洒な一軒家を信じられない思いで見た。

中央線沿線の総合病院で事務員として働く彼女は、ずいぶん前に、仕事が長続きしない年下の夫と離婚した。今は離れて暮らす息子夫婦とその子どもが唯一の支えだ。ＩＴ関係の仕事に就いていたという息子はこの不況の中、リストラされ、今はアルバイトで宅配便のドライバーとして生活費を稼いでいるそうだ。

60代まで木造賃貸アパートに暮らし、せっせと貯金してきた彼女の夢は息子家族と同居して、草木染めの趣味を持つお嫁さんと教室を開いて収入の途《みち》を確保することだ。

「競売のこと、息子と嫁に話したらね、競り落としたあかつきには、自分達でリフォームすると言うのよ。1階の和室を改造してペンキを塗ったり、照明を付け替えたりすれば可愛くなりますよって、嫁もはりきってるの」

自分の夢を追求しつつ、孫の面倒も見て、将来は通信販売で手作りの小物を販売する。そのために貯め込んだ約1000万円の貯金で、何とか買える家を探すのだと彼女はいう。

「うまくいくといいですね」と、心からのエールを送った。

賃貸生活から持ち家へと突き進むため、彼女のようなごく普通の人が競売に目を向け始めたのも、不況下での新しい住まい探しの方法だろう。

不動産競売でマイホームを購入するには、まず、ネットなどで競売物件の公告を見て、専門業者（競売代行サービス）に相談するなど、競売物件の調査をする。希望の競売物件があったら、売却基準価額の2割の保証金を裁判所の指定銀行に納付し、住民票（個人の場合）など、入札するための書類を揃え、入札期間内に裁判所に提出する。

そして、開札結果の発表によって、売却許可の決定が出たら、代金の納付をして、所有権移転登記の手続きを行ない、物件の引き渡しとなるのだ。

彼女のような素人に競売の手ほどきをする専門業者は、裁判所に提出する書類の書き方指導や、居住者の立ち退きまで、競売に関するもろもろを引き受けてくれる。

「やたらめったら一般人が参入するから、東京の城西地区ですぐに再販できそうな戸建てやマンションはなかなか落とせなくなった」と、知り合いの業者がぼやいていた。こうなると競争は激化する。

彼女が狙った一戸建て、売却価額は800万円どころか、最終的には1580万円とつり上がり、彼女も含めた40人近い人々は泣く泣く敗退した。意気消沈していた。無理もない。戸建てに住む前提で、日曜日にはお嫁さんとイケア詣でに繰り出していたのだ。


その後、物件探しをしている最中も、彼女はどうしているだろう、まだ家を探しているのだろうか、と思い出していた。そんな折、彼女から吉報が入った。三度目の挑戦で、ついに一戸建てを落札したというのだ。それは西武新宿線沿線、東京のはずれではあるが、緑豊かな住宅地にあり、駅から徒歩15分だという。

彼女と話した私は、さらに驚かされた。

「吉祥寺のような知名度はないけれど、近くに公園も保育園もあるし、生徒さんも集めやすそうなのよ。築20年だけど、中はきれいで部屋が5つもあるのよ。息子達も大喜びで、『母さん、風呂だけは僕らがお金を稼いできれいにリフォームするからね』と、言ってくれたの」

小さな孫が同居する彼女にとっては願ってもない住環境だ。

「うらやましい話ですね。ところで——」

彼女は私の顔をちらりと見ると、いちばん知りたかった落札価格を教えてくれた。

「信じられないでしょうけど、880万円なのよ」

見せてもらった写真には、ごく普通の建て売り住宅が密集した都下の住宅街が写っていた。モルタル造りの彼女の家はその一角にあった。家の前で孫が三輪車に乗ってピースサインを送っている。これからこの中古住宅がどのように変わっていくのか。

そのたたずまいに、なぜか、子どもの頃の長屋を思った。狭い私道を囲い込むかたちに無理矢理詰め込まれたように建つ木造住宅からは、いつも夕飯の匂いが漂っていた。競売で手に入れた彼女の家からも、子どもの笑い声やテレビの音が聞こえてくるようだった。

彼女がこれから生涯住むであろう家は、昭和の木造長屋より遥かに立派で、これまでのアパートからすれば御殿だわと、弾む喜びが伝わってくる。マイホームを持たず、別々に暮らしてきた母と息子が初めて家を持ち、やりたかったことを実現する様子がうらやましかった。

「お嫁さんが息子と二人だけでゆっくりできるように、週末は市民農園を借りて野菜作りを始めるわ。半日孫と土いじりをして、採れた野菜を持ち帰るの。いいアイデアでしょ」

小さな家で皆がのびのび暮らすことは、工夫次第でいくらでもできる。

10代で家を出てひとり暮らしを始めた娘の顔が浮かんだ。

同じ吉祥寺に暮らしているが、こちらは街はずれとあって、公園近くに居を構えた彼女のマンションまでは、歩いて30分近くかかる。私の場合、同居する考えはなかったが、もっと近ければいいのにと思ったことは多々ある。好きな街で好きな人達に囲まれて生きるのは、最高に幸せなことだし、店を始めるとなれば人手もいるし。

果たして娘は手を貸してくれるだろうかと想像した。

ともあれ、人気の高い吉祥寺にこだわる以上、競売で物件を買うことは難しい。自分の足で動き回り、ひたすら情報をたぐり寄せるしかない。

第二章

古家付き土地を狙う

4 吉祥寺「商店街至近」、15坪の戸建て

2009年の春から夏にかけて、ロンドンを中心にイギリスに出向き、向こうでも住宅の取材及び拠点探しに追われ、大勢の人に会ううち、季節は駆け足で過ぎていった。ロンドンの郊外でも、あめ玉を瓶に詰めて量り売りするレトロな菓子屋や、慈善団体が運営する不用品リサイクルのチャリティショップなど、面白い店とあらば足を止めた。日本でもイギリスでも家のことばかり考え続けた日々が過ぎてゆく。

8月、民主党が政権交代を果たし、戦後初の二大政党制になったものの、景気回復の兆しは見えない。吉祥寺の老朽一戸建て探しも停滞したままだ。

「みなさん買い替えではなくリフォームを選ぶようになって、売り物がないんですよ」と、業者は声をそろえ、気長に待つしかないかと思った矢先のこと。

出張から戻ったある日曜日、いつものように新聞を広げた。どっさり不動産チラシの入った土曜日の朝刊を1日遅れで読もうとした、その時だ。

大手仲介業者の連合広告の中から、小さな建て売りの写真が単独で掲載された「広告初公開！」というチラシがハラリと足下に落ちた。

「古家付き売り地」——ところが、めずらしく家の間取り図が載っている。

拾い上げようとした瞬間、目に飛び込んだ所在地に「まさか」と、声を上げた。それ

はまさに井の頭公園にもほど近い、人気のある商店街の裏手ではないか。何度も現地案内図をたどった。

隠れ家的小さな店が点在する私が最も所望していたエリアだ。

ひとり暮らしをする娘のマンションからも数分の距離にある。「スープの冷めない距離」とはこのことだ。店も出来る、子どもの家も至近、最高のロケーションだ。

価格は――信じられない、2980万円とある。再建築不可でもない。借地権でもない。南道路で築31年、15坪の敷地に建つ2階建ての建て売り住宅だ。

老朽物件に馴染んだ目には、建物は手を入れればまだ十分使えると映った。長く吉祥寺で不動産を見てきたが、中古の一戸建てが億近くでも必ず売れるこの辺りで、見たこともないような物件だ。「吉祥寺一戸建て」とあっても、手が届くものは三鷹のはずれや練馬区など、吉祥寺からバス便でつなぐ全く別の街だった。だが、これはまぎれもない吉祥寺のど真ん中。

昨日のチラシとなれば、時すでに遅しかもしれない。

時計を見ると朝の10時。慌てて掲載されている大手仲介業者に電話を入れた。

チラシを見た――というと、「昨日からすごい数のお問い合わせを頂戴してまして。あいにく本日、担当者は他の現場に出ています」と、淡々とした受付嬢。

すでに先客はついてしまったのかと、いてもたってもいられず、私は家を飛び出した。

これこそ「本命」だという強い思いに、胸が張り裂けそうだった。通りに出るやタクシーを捕まえ、何をおいても現地を見ようと急いだ。この瞬間にもどれだけたくさんの人が電話を入れているかわからない。もう、間に合わないかもしれない。

知り合いの仲介業者に連絡を入れたが、こちらも留守。何とか至急この物件を調べてほしいと携帯の留守電に所在地と価格を残した。

週末、フラリと出かける、吉祥寺でも最も気に入っているエリアに、まさか手の届く一戸建てが出るとは思わなかった。

商店街を歩くたび、アジアン雑貨店で1000円の服を買い、アートギャラリーをはしごした後、デパートの物産展もどきのアンテナショップで、新鮮野菜や地方の漬物を買う。

右へ左へと路地を入れば、たどたどしい日本語で接客するタイやベトナムやネパールの食堂があるし、大阪の工場で作らせている、子どもの頃食べた昭和さながらのアイスキャンディを売る食品店もある。

目指す物件近くの商店街ではカフェや雑貨店が、店の前に商品を並べて開店準備に追われていた。午後になれば公園を目指す家族連れやカップルでにぎわう通りは、まだ早いのか閑散として、清々しい朝の光に満ちている。

もし、この物件を手に入れたら、この商店街も庭のようなものだ。

地図を頼りに商店街を折れて狭い住宅街の路地を入ると、写真と同じ地味目な建て売り住宅が見えた。タイルで覆われた門塀と、古い家にお馴染みの先端が尖ったヒバの木。思いのほかしっかりしている建物。

一目見るなり、これだとひらめいた。

商店街の一歩裏手という立地は、お店を始めたい私にとって理想的だった。

こぢんまりとしているが、南に面したブロック塀に囲まれるように小さな庭があり、2階にベランダもある。突貫工事で建てられたような建て売りというチープさは微塵も感じなかった。築31年経っているが、外壁にも一部タイルが貼ってあるせいか、売り地で出ているることが失礼と思えるくらい、建物はしっかりしていて玄関周りの造作も細かい。

ここなら何ができるだろう。

一軒家のティールームもいい。英国コテージ風にすれば雑貨店もいける。いや、この立地ならB&B（民宿）もできるかもしれない。

けれど、日曜日の午前中なのに、誰一人として内見に来ていないとすれば、昨日のうちに話はまとまったのか。この立地で2000万円台なら、吉祥寺で家を探している人、誰もが飛びつくはずだ。

私は教えてもらった担当者の携帯を繰り返し鳴らした。物件はすでに空き家になっている。

ジリジリした気分のまま、門を開けこっそり庭をのぞく。ここをウッドデッキにして雨よけのオーニングを出せば、花を飾って商品も並べられる。そのためにブロック塀をどうにかしなければ。

あれこれ想像しつつも、ぬか喜びすると後で落胆するかもと、心の準備をした。私が欲しいと思う家は、その他大勢の人も良いと思うはず。魅力的な住宅には、誰もが欲しがる価格とロケーションと間取りのバランスが備わっているからだ。

携帯が鳴った。見知らぬ電話番号に「もしもし」と慌てて出ると、待ち望んでいた物件担当者からだった。ついにきたと私は、「今、物件の前に居て、どうしても中を見せてもらいたいんです」と、手短に話した。担当者は少し困ったように、今日、別の場所で売り出しやってましてと言う。時間は何時でも合わせますのでと、さらに押すと、「実は昨日すごい反響がありまして、すでに何件かお申し込みも入ってるものですから」と、迷っている様子でもあった。

小さな落胆はあったものの、予想していたことだ。それでも可能性があるのなら、ぜひと粘る私に、1時間お待ちいただければ向かいますと、ようよう承諾してくれた。

買うにせよ買わないにせよ、ここまで来たらぜひとも中を見たい私は、物件の周辺をグルグル歩き回って時間を潰した。


鍵を持った私と同世代らしい営業マンが到着した頃、商店街は買い物客でにぎわい始めていた。40代くらいの大手仲介会社に属するその人は「お待たせしてすみません」と低姿勢で、人気物件を扱う営業マンにありがちな「見せてやる」といった、高慢さを微塵も感じさせない。


とにかく中を見たい私は、挨拶もそこそこに彼に続いて玄関に入った。

ドアを開けると冷たい空気が流れてきた。

空き家特有の空気のよどみがない。電気も点いていないのに、はめ殺しのガラスのせいか玄関はとても明るい。

「先月まで賃貸で外国人の方がお住まいだったそうで、ここを3人でシェアされていたそうです」


吉祥寺の商店街裏手にある一軒家なら、外国人が喜んで借りるだろうと思った。

埃っぽいが、きしみのない廊下。1階の玄関横にある6畳の和室は、障子を開けると、南側に植えられた庭木を通して木漏れ日が差し込み、古い日本家屋の情緒をかもし出している。

北側のキッチンの磨りガラスにも緑の葉の影が映り込み、これこそマンションにない戸建ての良さだと思った。広い脱衣所兼洗面所、民宿の風呂のようなタイル貼りながら浴室の窓にも葉の影が揺れている。

気持ちが高ぶる半面、うまい話には裏があると冷静になろうとした。まず、耐震や白アリの心配が頭をよぎった。畳を上げたら白アリの巣があるのでは、地震が来たら柱が折れるのではと、最悪の事態は考えるほど次々と浮かんできた。

そんな心中を察してか、営業マンは「あくまで取り壊しが前提の建物ですから」と、クギを刺す。

建物に期待するなということか。

この物件に乗っている古家はキャラメルのおまけのようなもの。タダでいただく木材の塊と思えばいいと、業者が説明を避けたがるのも古家付き土地の宿命か。

だが、同じ様な家が両隣に並び、そのどちらにも人が住んでいる。それは子育て世帯のようで、2階のベランダに干された子ども服が見える。外壁も吹き付けなどでメンテナンスされて、現役住宅として立派に活躍している。

増築や門塀のやり直しで、今では少しずつ外観が違うところも好感が持てた。

多少の不具合があっても、リフォームで何とかなると思ったのは、同時期に建ったであろう近隣の家が立派に活躍しているからだ。

マンションのような開放感はないが、一戸建ての良さ、太陽の動きが庭木を通して一日中感じられる家というのも気に入った。

「お風呂も追い焚きが付いているんですか」

「ええ、売り主さんが定期的に手を入れていたので、十分使えるようです。但し、ここは売り地として販売していますので、建物に関する瑕疵《かし》責任は一切負えません。今回の価格は土地代のみです」

「そうですよね」

慌てて引っ込める。建物については触れるまい。

さっきの電話ではすでに申し込みが数件入っていると言っていたのに、やけに丁寧に接してくれる。もしかしたら、私でも十分買える余地が残っているのかもしれない。普通であれば、とうに買える可能性がないことを説明するのに。

とりあえず、全部見るまでは余計なことは聞くまいと、2階に上がった。

「あの、階段が少し急ですから気を付けて下さい」

はいはいと答えながらも、ウキウキしてきた。

営業マンは私より先に部屋に入ると、てきぱきと窓を開け、電気を点ける。

2階には、ベランダのある明るい6畳の和室があった。新築マンションと比べると、古い家らしくどの部屋もゆったりとしている。北側の4畳半、そして勉強部屋にぴったりの3畳の納戸と、15坪の住宅ながら、2階は3つの部屋がきちんと独立している。子どものいる若夫婦なら、手仕事大好きな妻が1階でお店を始めることもできる。東西は隣家に挟まれているものの、北側の窓からは吉祥寺の低層住宅群も見える。一種住専のゆったりした住宅地らしく、柿の木、桜の木など近隣の緑もバランス良く借景となっている。

リフォームすれば、1階の和室を店舗にし、2階に仕事場を設けてもまだふたつ部屋が残る。

「リフォームによっては2階の和室に小さなロフトが作れるかもしれません」。彼がもらしたアイデアが決定打となった。

これだ。間違いない。あらゆる条件をクリアした理想の家を見つけた。

おずおずと低姿勢で肝心なことを切り出した。

「この家、大変気に入ったので、購入したいんですが」

すると、彼は淡々と説明した。

「お電話でも申し上げましたが、現在、3件のお申し込みをいただいているんです。いずれも値引き無しの満額で、皆さん、明日、月曜日に、銀行に行ってローンの事前審査を申し込むそうです。売り主さんに昨夜ご報告したところ、確実な方と出来るだけ早くご契約されたいということでした」

　どの人も真剣に購入しようとしていることが伝わってきた。

「ここは住宅ローンが使えるんですね」

「ええ、築25年を超えているため、税金が還付される住宅ローン控除の適用にはなりませんが、使えます。ただし、最近はこういうご時世ですから、ご本人様が通ると思っていても、いざ、審査してみると他にローンを組まれていたりと、ご融資が下りないケースも多いんです。この前も井の頭公園近くで築浅マンションが出て大騒ぎになったんですが、一番手の方がローン審査で崩れて2週間ロスが出ました。失礼ですが、お客様もローンをお使いになるのですか」

　私は少しうわずった声で言った。

「……そうですが、すでに銀行で内定を取ってきました。まったく問題ありません。すぐにでも契約できます」

「と、言いますと」

　営業マンは物事が飲み込めないような顔で私を見た。私は少し前までの出来事を慎重に言葉を選びながら彼に話した。

5　49歳の住宅ローン

半年ほど前のことだ。今後の住まいや人生設計について悶々と考えていた時、万が一、これだという物件が出た場合、私の年齢で実際に住宅ローンを組んで中古物件が買えるのか、素朴な疑問を抱いた。

ちょうどその頃、会社に何人かの銀行員が来られていた。その中の年配のひとりに「社員さんに貯蓄型保険はいかがですか」と、勧められたことから、たまたまマンションを購入しようとしていた社員を紹介し、その縁で住宅ローン担当者と話す機会を持った。彼が提示した０・９７５％という優遇金利には驚いた。

あまりの低さに、住宅ローンの借り換えを申し出る社員まで出た。

彼らのことが一段落すると、私も住宅ローンが組めるのか、ついでに調べてもらった。共働きだったため、すでに自宅のローンは完済していた。やっと一山越えたのに、またこの歳でローンを背負って家を買うなど、尋常ではないと友達に言われた。

だが、日頃からお世話になっている銀行員の話によると、１９７2年から89年5月まで75歳未満と決められていた住宅ローンの完済時年齢は、日本人の平均寿命が延びたために、債務保全に問題がないという判断から、１９８9年には諸条件をクリアした人については80歳まで引き上げられたという。

70代でも現役といわれる時代、もっともな措置だと思う。こうなると40代でも50代でもその気になれば、ローンで家が買えるということではないか。結婚も晩婚化している現代、遅くにマイホームを持ってもおかしくない。むしろ、社会的見識が育った頃に、家探しをした方が間違いがない気もする。

よく、この先仕事がどうなるかわからないのに、家ごときで借金などしたくないという言葉も聞くが、下がり切った時に買えば、何かあっても購入した金額で必ず売れる確信があったし、住宅ローンが組めるなら、金利の低い時を狙って購入しようと思っていた。

だが、ローンを組もうとする私にはいくつかのデメリットもあった。

ひとつは事業主だから会社員よりローン審査が厳しい。俗に年収2000万円の経営者と、年収500万円のサラリーマンなら、明らかに後者が手堅いと、銀行は経営者をシビアに評価する。

次に、私は50代に突入する女性で、夫との共同名義や自宅を担保にすることは一切考えていなかった。購入条件は「おひとりさま」そのものだ。

ざっと挙げただけでも銀行が懸念する要素が十分含まれている。事実、私の周りでも50代の女性が住宅ローンを組んで家を買ったという話は聞いたことがない。ほとんど30代が終わる頃までに住宅を購入するか、貯蓄して現金買いするかのどちらかだ。

だからこそ自分が銀行から住宅資金を調達できるのか、ローン担当者に確認したかったのだ。

たまたま手元にあった都内の新築マンションの資料を見せた。ファミリータイプで物件価格は4000万円くらいだったが、「素晴らしいマンションですね」という乗り気の言葉に、必要書類を渡し1週間で結果が出るという予備審査の結果を待った。

1週間どころか、数日後、「75歳で完済の27年ローンであれば問題ないでしょう。全額ご融資できます」と明るい声で言われた。喜んだのも束の間、冷静に考えてみると、私が今後買おうとする物件は、吉祥寺で中古の一戸建て以外にあり得ないことに気付いた。いや、人気の吉祥寺なら「古家付き土地」になる可能性も大きい。

再度、担当者に会い、そのとき販売中だった築30年経つ2LDK一戸建てのチラシを見せて、これではどうかと打診した。物件資料を見るなり、担当者は前回とはうって変わって、「ずいぶん古い建物ですね。この辺に詳しい者に聞かないと、私の一存ではわかりませんので」と歯切れが悪くなった。

その家は4500万円、すでに申し込みの入っている家だったが、私が買おうとしているエリアに近かった。古家付き土地である。

今度は結論が出るのに1週間以上かかった。

しびれを切らし電話を入れると、弱気な回答が返ってきた。

「申し訳ないんですが、建物はほとんど担保価値がないため、全額のご融資は難しいようです。ご家族との共同名義が無理であれば、頭金を少しご用意なさって下さい。そうすれば何とかなるそうですが……」

担当者の説明では、住宅ローンの決定を左右する保証協会の窓口が、首を縦に振らないらしい。保証協会とは、銀行でローンを組む際の保証人のようなものだ。万が一、私の支払いが滞れば、銀行は保証協会に全額返済を求める。ところが、それは私の肩代わりをしてくれるのではなく、単に債権が移るだけ。

保証協会は銀行に代わって取り立てをし、払われなければ、家を競売にかけ、直ちに売って返してもらおうとなるのだ。ところが、家なき子になっても、借り入れが残っていれば、私は返済し続けなければいけない。

銀行や公庫はリスクを保証協会に押しつけ、保証協会の運転資金たる保証料を出すのは借り主というのも、考えてみればおかしな話だ。

要するに日本の場合、お金を貸すかどうかの判断基準は、何を買うかというよりも、どんな人に貸すかという考えなのだ。極論を言うと、その人に返済能力があればどんなものにも貸す。収入が安定しない人には新築マンションでも貸してくれないし、返済が堅い公務員や大企業のサラリーマンには、どんなボロ家でも原則、貸す。だからこそ住宅ローンのリスクは個人に帰依するのだ。

このような日本の住宅ローンは「リコースローン」と呼ばれるもので、担保価値だけで貸す「ノンリコースローン」が主流のイギリス、アメリカとは借り入れる側の返済責任が大きく異なる。

リコース（遡及《そきゅう》）とは、過去にさかのぼって影響・効力を及ぼすことを指す。日本では売却してもあなたが借りたんだから借金を返してくれと永遠にいわれ続け、借りた人にずっと債務が残り、「リコース」――遡及してくるという不動産の仕組みができている。

そうなると担保価値は一つの指標に過ぎない。しかも貸す側にとって担保という保全策をとる以上、新築が条件とくる。古い住宅は戦後の粗悪品、間違っても引き取りたくない。あらゆるリスクを火の粉を払うように回避してきたのが、金融と住宅の関係だった。

一方、欧米の「ノンリコースローン」の場合は、この土地を買うなら貸します。返せなくなったら購入した土地を担保として銀行に差し出せば、債務は終了。物件を手放せば、その物件価格が借入金額より安くなっても、それ以上の支払い義務はないのだ。

イギリス人が築100年以上の超中古物件も含め、果敢に中古住宅を購入する背景には、ローンを返せなくなれば家を手放せばいいという、逃げ道が用意されているからとも思える。その分、売れない家を引き取った銀行など金融機関の負担は膨らみ、アメリカのサブプライムのように経営が破綻してしまう。

そうなると、いかに住宅の価値を永続できるかが銀行の最大の関心事になる。最終的に引き取る物件は突き詰めれば銀行が買った物件ともいえるから、銀行はお金を貸した不動産の価値をキープすることに神経質になり、中古価格をできるだけ落とさないよう立ち回る。

貸して損しないよう、中古住宅が高くなるようにしなければならない。だから欧米では、家を一生懸命手入れしなければいけないと教育するし、中古市場を整理して、中古だって素晴らしい住宅だという見せ方をする。これが大きなビジネスの一環として成り立っている。

日本で築20年以上経った木造一戸建ての資産価値がなくなるのは、リスク回避を優先する金融機関の影響が多大にあるからか。イギリスで、築100年以上経ったヴィクトリア朝の家にモーゲージ（住宅ローン）が組めることを考えても、中古市場にまつわる抜本的なシステムの見直しがなされない限り、日本の中古住宅の夜明けは来ない気がする。

ともあれ、新築、中古などの資料を見せてはローンを打診するうちに、人気の街・吉祥寺の希少性を理解したローン担当者からは、道路づけが問題なければ宅地の需要も高いため、最大限考慮しますと約束してもらった。

　こうして私はプレ事前審査を終了したのだ。

　そう話し終わると、営業マンは「そうですか、どうしようか」と、考え込んだあげく、「とりあえず、お話はわかりましたので、会社までご足労いただけますか」と、戸締まりを始めた。私は言われるままに駅前の会社に同行し、必要事項を全て購入申し込み用紙に書き込んだ。備考欄に「ローンの予備審査が済んでおり、すぐにでも契約希望」と加えた。

　それを見て営業マンは、「これから売り主さんに再度相談します。とにかく、明日朝一番にそちらとお付き合いのある銀行の方とも話をしたいのですが」と言った。商談の最中も事務員が入ってきては何かメモを渡している。まさに私が内見した一戸建ての問い合わせらしい。本当に引き合いの多い物件なのだ。

「みなさん、どうしても欲しいとおっしゃっていますが、いかんせん、申し込まれた内のおふたりは自営業の方で、ローンがハッキリしないんです」

　担当者は内情を明かすように打ち明けた。

　そうか。私は彼にとって、強力な滑り止めなのだ。いや、滑り止めどころか、銀行と事前にやりとりを済ませた手堅い客のはずだ。

そう考えるといけるかもしれない、いや、絶対大丈夫な気がしてきた。

6　こだわりの古家付き土地、購入前に確かめること

家にとことんこだわってきた私は、実質的な中古建て売り――表記上は古家付き土地の購入を前にあれこれ考えた。

繰り返すようだが、安い老朽物件を探し求める私にとって、上物《うわもの》アリの「古家付き土地」は、昔も今も理想の一戸建てだった。買い損ねた老人が住んでいた昭和枯れすすきをはじめ、その他もろもろも一気に吹き飛ぶほど完璧な物件と出会ったのだ。過去の物件に思い巡らせても、ああ、妥協して買わないで良かったと、私の先を越してくれた方々に、ありがとうと声を大にして言いたい気持ちだった。

考えてみると昔から私にはおかしなところがあった。表参道、六本木など都心の一等地に建つ豪華な家を見ても、なかなか手に入らないとあきらめているせいか、うらやましいとも、住んでみたいとも全く思わなかった。

だが、そのような場所で古家付き土地――相当古い一戸建てを安く買って、リッチな生活をしている人を見ると、その眼力と運の良さに激しいジェラシーを覚え、心底うらやんだ。

思えば、古い友人が武蔵野エリアで発掘した「古家付き土地」を見せられた時もそう

だった。

「目の前に川が流れて、隣は田んぼ。朝はカモの鳴き声で目が覚める。東京とは思えない。田園そのものなのよ」という友人に、吉祥寺からバスに乗ってすぐにお宅を拝見させてもらった。

はたして、その家を見た瞬間、頭を殴られたようなショックを受けた。彼女は学生時代からサラリと生きて、最後にはいつも当たりクジを引くところがあった。進学、就職、結婚と、いずれも世間で言う「勝ち組」で、その延長にこのような住まいが用意されていたのかと。

彼女のマイホームは武蔵野の隠れ里のような一角にあった。両側を田んぼと森に囲まれたその家は、キッチンの先に窓からのどかな小川のせせらぎが見える清流沿いに建っていた。川べりの緑地帯には野の花が咲き乱れ、カモが羽を休めている。周りを見なければ、英国のコッツウォルズとも見まがう牧歌的な住環境だ。

リフォームしたという建物は、昭和モダニズム漂うなかなかのもので、程良く和と洋が入り混じって、雪見窓やギャラリー風の階段など、元建て売り住宅というが、今のそれとは全くレベルが違う。

「信じられる？　ここ古家付き土地で出てたのよ。だからフルリフォームしても、相場よりうんと安いの。吉祥寺まで自転車で出られるこの立派な家がよ」

正直、「負けた」と思った。

なぜ、この家が古家なのかわからないと彼女は言った。言葉の端々から、最高の眺望と住環境を兼ね備えた自分の家をのろけているのがわかる。

古家付き土地の中には、この家のように古いというだけで、よく物件をリサーチせずにチラシを作る銀行や不動産業者に「上物アリ」と烙印を押されるものもままある。だが、その中には素晴らしい資質を持つ物件があることを忘れてはいけない。

多くの人は、古い建て売りと聞くだけで、粗悪な上、あちこちが傷んだボロ家を想像するに違いない。だが、昔の建て売りは今のそれと違って、どこかちゃぶ台に通じる懐かしい味わいがあり、作りも頑丈だ。

話は少し逸れるが、建て売り住宅が日本に登場したのは1970年代になってからだ。手っ取り早く、すぐに住める、引っ越せる、価格がわかりやすい。間取りや日当たり、庭の大きさや隣の家との間隔、道幅などいろいろなことも、すでに建てられているので確認できるというわかりやすさ、手軽さから、一軒家といえば建て売りといわれるまでになった。

その一方で、建て売りに対する買い手のデメリットもあった。肝心の設計が業者主体になっているため、買い手は必ずどこかを妥協して購入に踏み切ることなどが大きな欠点だった。また、建築過程を見ることができないため、後になって欠陥住宅と判明するケースも少なくない。

こんなことから、いつしか建て売りは売れることが第一で、売れる価格に抑えて作られていると思われ、個性重視の現代人に敬遠される向きも出てきた。

また住宅のローコスト化が進んで、利益率が悪くなった不動産業者の中には、土地では儲からないため建物で儲けようと、建築条件付き土地などと建て売りをセットで販売することも、よく知られる話となった。

買い手が強制的に生命保険に入らされ、命がけでマイホームを獲得しようとしている半面、見た目のきれいな新築であれば、問題点はいくらでもごまかせると、施主をあなどったような手抜き工事を続ける業者も後を絶たない。

その点、人の住んでいた古い建て売りは、安心かもしれない。長い年月の中でしかるべき欠点は露呈し、不具合は修理されているに違いないからだ。それは建物が「上物」と格下げされる古家付き土地となっても同じだと思う。

だからといって安心はできない。買い手もあらゆる策をこうじてリスク回避をしなければならない。吉祥寺で見つけたこの運命の物件もしかりだ。

運良く内見前に慌てて物件を調べてほしいと頼んだ、知り合いの仲介業者から連絡が入った。

開口一番、申し込みを入れたんですよと言うと、「よかった。僕も見たけどいい場所じゃないですか」と、声がはずんでいる。良かった。自分が舞い上がっている時こそ、プロの評価、セカンド・オピニオンはなくてはならない。

「外から見る限り建物も問題ないし、近くに商店街もあるから、リフォームすればお店にもできる面白い物件ですよ」

「そう思いますか。プロがおっしゃるなら間違いないですよね」

ますます気分が良くなる。

「しかもあそこの場合、裏手の商店街から物件に向かって20メートルまでは第二種高度地区だから、将来建て替えるときは3階建ても建てられる。小さな土地ですが設計によってはファミリータイプの間取りも可能、70平方メートルまで床面積も取れるそうですよ」

彼曰く、前面道路から見て手前半分は高い建物が建ち、奥の半分は環境重視の第一種住居地域だという。商売と住まいの併用を考えていた私にはうってつけ。結論からいえば希少物件だと太鼓判を押してくれた。

プロの言葉にひとまず安心した。いくら人気の吉祥寺でも、素人には見えない欠点もあるのだから。

実際にハンコを押したり、手付けを打つ前に、すばやく冷静な不動産のプロ、もしくは売買経験の豊富な知り合いにセカンド&サード・オピニオンを求めるのも、後戻りできない第二の人生に向けた家探しの場合、不可欠だ。

不動産購入にまつわる不安や心配は、理想の物件があらわれた時から始まる。バッグやコートを買うのではない。ローンを背負って老後への道のりを歩んでいくのだ。古家付き土地の購入を身内や友人に話せば、「大丈夫なの」と不安をあおるようなことしか言わないのはわかりきっている。だから、老朽マンションも含めた古い物件購入は、全てがハッキリするまではプロ以外、周囲に相談しない方が良いと思う。私は夫にも同じ街に住む娘にも、契約まではだんまりを貫いた。

顔馴染みの地元賃貸業者にも確認をとった。この物件の販売チラシを見てもらい、万が一、経済的ピンチに立たされた時のために、賃貸で出したらいくらで貸せるのか尋ねた。

すでにローンが下りた場合の計算はできていた。頭金を除くと27年間の返済で、月々8万少々だ。対する賃料相場は15万円前後とか。吉祥寺で長年賃貸をやっている業者だけに顧客も抱えている。物件の間取り図と住所をFAXすると、店舗OKなら借りたい人は山ほどいる。いつでもご紹介しますよと乗り気だ。

「もし、収入がなくなっても、人に貸せば返済には困らない」

電卓を叩きながら、ひとりごちる。

50代で家を購入する心理的負担を軽減するために、あらゆる面から不測の事態を想定して決断を下す。仲介業者の意見だけを鵜呑みにするより、一つひとつ納得して先に進む方がいい。

営業マンの読みどおり、購入申し込みをしていた一番手、二番手のおふたりがローンで引っかかったと連絡が入った。

同時に売り主さんは私と契約することを承諾したという。

事前にローンの確認をしておいて良かった。「善は急げ」と私からも銀行に連絡を入れ、至急本番の審査を進めて下さいと依頼。翌週、銀行の内定が下りた。

27年間、月々約8万円の返済が始まるのだ。大変さより、ついに小さな家が自分のものになった実感がふつふつと湧く。

契約の日、仲介業者の社屋で初めてお目にかかった売り主さんは、都内在住のとても感じの良いご年配のおしどり夫婦だった。やはり吉祥寺が大好きで、ゆくゆくは住むつもりで賃貸に出していたとか。けれど家庭の事情でそれが叶わなくなり、今回売却するという。

おふたりに話を伺うと、10年以上住み続けた子育て世帯の若夫婦を含め、空けばすぐに借り手が付く家だったらしい。住み心地が良い家か否かは、どれだけ長く住み続けた賃借人がいたのかで分かる。

「いい場所に建ってますからね。広告を出した途端、お問い合わせが殺到しましたよ」

ご夫婦の話を後押しするかのように担当者もほめちぎる。

きっと間違いない物件、買えて良かったと喜びもひとしおだ。

「これからゆっくりリフォームをして、大切に使わせていただきます」と、綿菓子のような、やわらかな笑みをたたえる奥様に頭を下げた。仲むつまじいご夫婦が売り主さんで良かった。直接住んでいなかったにせよ、家と所有者のイメージはリンクすると思ってきたから。

それから1ヶ月後、店が持てる理想的な家が正式に私のものとなった。

機は熟したと、友達と出かけるという娘を小さな家近くの商店街に呼びだした。見せたいものがあるという私に、「どうせ不動産の内見でしょ」と、休日を邪魔された彼女は機嫌が悪かったが、小さな家の前まで連れて行き、玄関のカギを開けようとする私に、

「ここって、サザエさん一家が住んでるような家だね」と、小さな庭になごんでいる。

「しかも、ここって私の家から5分とかからないよ」と、声を弾ませ家の中を歩き回る

娘に、実はローンで買ったのよと告げると、目をまん丸く見開き、大丈夫なの、歳とって払えるのと心配する。いざとなれば人に貸すとか、何かしら方法はあるわよと私。

これまでガラクタ物件まがいの老朽マンションなどを、ガラリと変えてきた経緯をいくつも見てきた娘は、何だかんだ言っても私が帳尻を合わせると信頼している。そんな彼女も今では私に感化されて、古びた中古物件を直して住まうことが普通だと思っている。アパートでも老朽マンションでも、ママが住むところはどんどん変わって素敵になるとは、私にとって最大の賛辞だ。

マンションの共有部分ですら、地べたがあれば花を植え、小さな花園を作ってきた。そんな様子を覚えているのか、小さな庭付きの木造一軒家に住むことが将来の夢だと娘は言う。

「工事をして花を植えれば、素敵な家になるんだろうね」と、彼女もまた、自分の夢をこの小さな家に重ねているようだった。

駅に続く道すがら、娘は饒舌に、ここも、あの店も昔は古い家だったと話し続ける。明らかにこれから始まるリフォームに期待を寄せているのが分かる。

年の瀬も近い12月、駅前広場や街路樹までがきらびやかにライトアップされ、五日市街道には宝石のようなイルミネーションも光り輝いている。師走の喧噪も相まって、吉祥寺はクリスマス間近の高揚感に満ちていた。

第三章

350万円で店を兼ねた住まいを作る

7　不景気でもリフォーム業者は大繁盛のナゾ

契約を終えた私は、ただちに何軒かのリフォーム業者をあたった。老朽マンションのリフォーム工事の時には、浴室床のコンクリートを削り取るはつりや錆びた水道管に悩まされ、ハラハラのし通しだった。今回は外壁に穴を開けようが、門塀を叩き壊そうが、自由自在の戸建てだ。リフォームを依頼しても業者から、「うちは出来ない」と断られないだろうという強い自信があった。面倒な管理組合などとの交渉もないし、面白い家が作れそうだ。

その夜から間取り図をしばらくながめては、いつものようにデザインを考えた。何でも出来ると考えると、夢がどんどん膨らんだ。イギリスでは「家は持った時が始まり」——というが、一見どこにでもある小さな建て売り住宅は、和洋折衷コテージというより、魅力的な「The Small House」とでも呼ぶべき「小さな家」に変えようと思った。

イギリスでランカシャーのさびれた村を歩いていたら、一軒だけポツンと取り残されたようなコテージがあった。何重にもペンキを塗った厚ぼったい壁と小さな窓。玄関周りの植栽もこぢんまりとして、あでやかな小花、ブルーベルの青さが映えている。

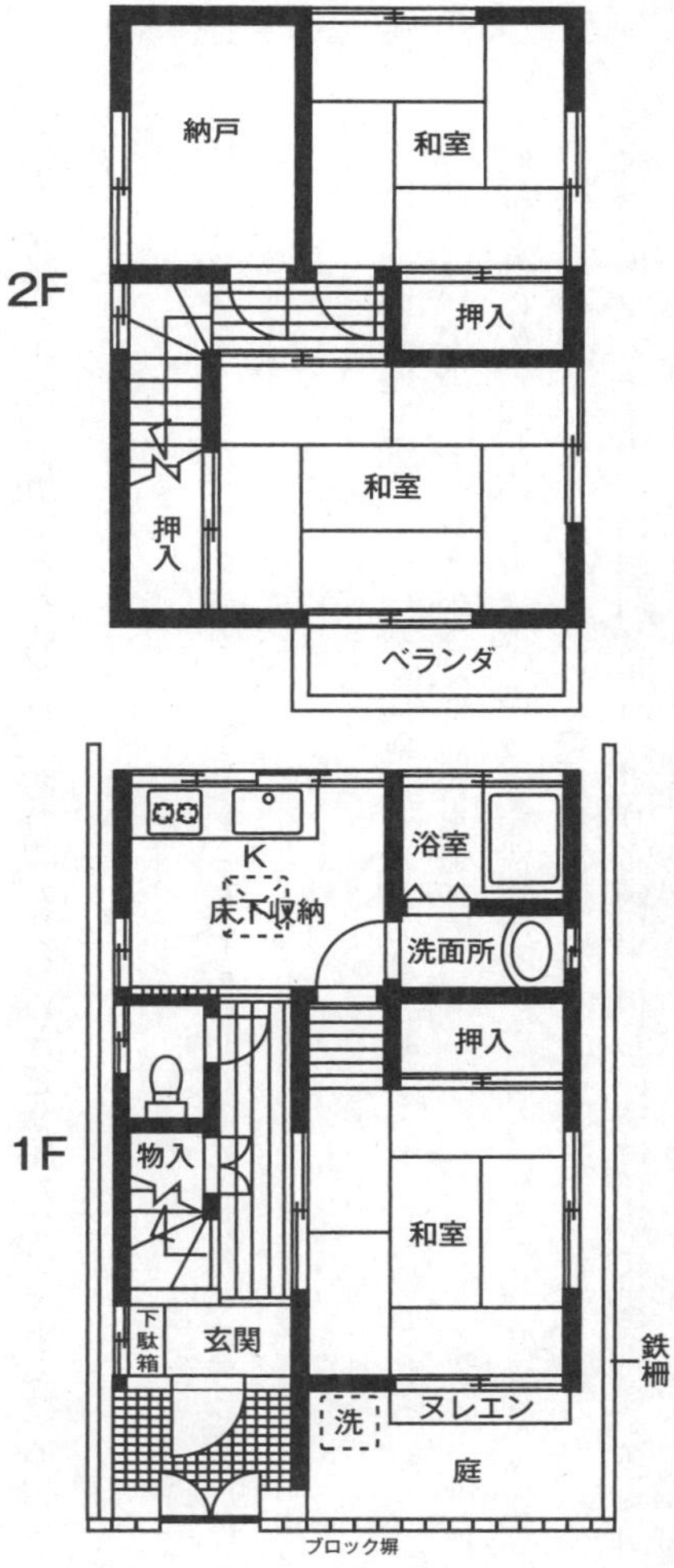

リフォーム計画前　延床面積 /56.70㎡　築年月 / 昭和54年10月

玄関横の鉄のプレートには「The Small House」という、家の名が彫られていた。ガーデニングや年代ものの玄関ドアをのぞけば、四角い建物のごく普通の小さな家だ。それがこうも魅力的に見えるのはなぜか、立ち止まって考えた。このデザインなら日本でも十分狭小住宅に応用できるはずだ。あの時のひらめきを今回のリフォームに活かしたい。

建て売り住宅をコテージのようにするため、最終的に目指したのは次のプランだ。

〈メモ〉
・1階南側の和室を独立させ、将来店舗にも使えるようにする
・店舗には、広めのトイレと小さな洗面台を追加
・庭は店舗の床と同じ高さのウッドデッキを設置する
・2階南側の和室は天井を取り払い、屋根裏部屋（ゲスト用寝室）を作る
・北側のキッチンを中心に水回りをカントリー調に（但し浴室はそのまま）
・キッチンに洗濯機置き場を作る
・外壁は白い塗り壁に、内装はブリックを配す
・白アリ検査、耐震補強

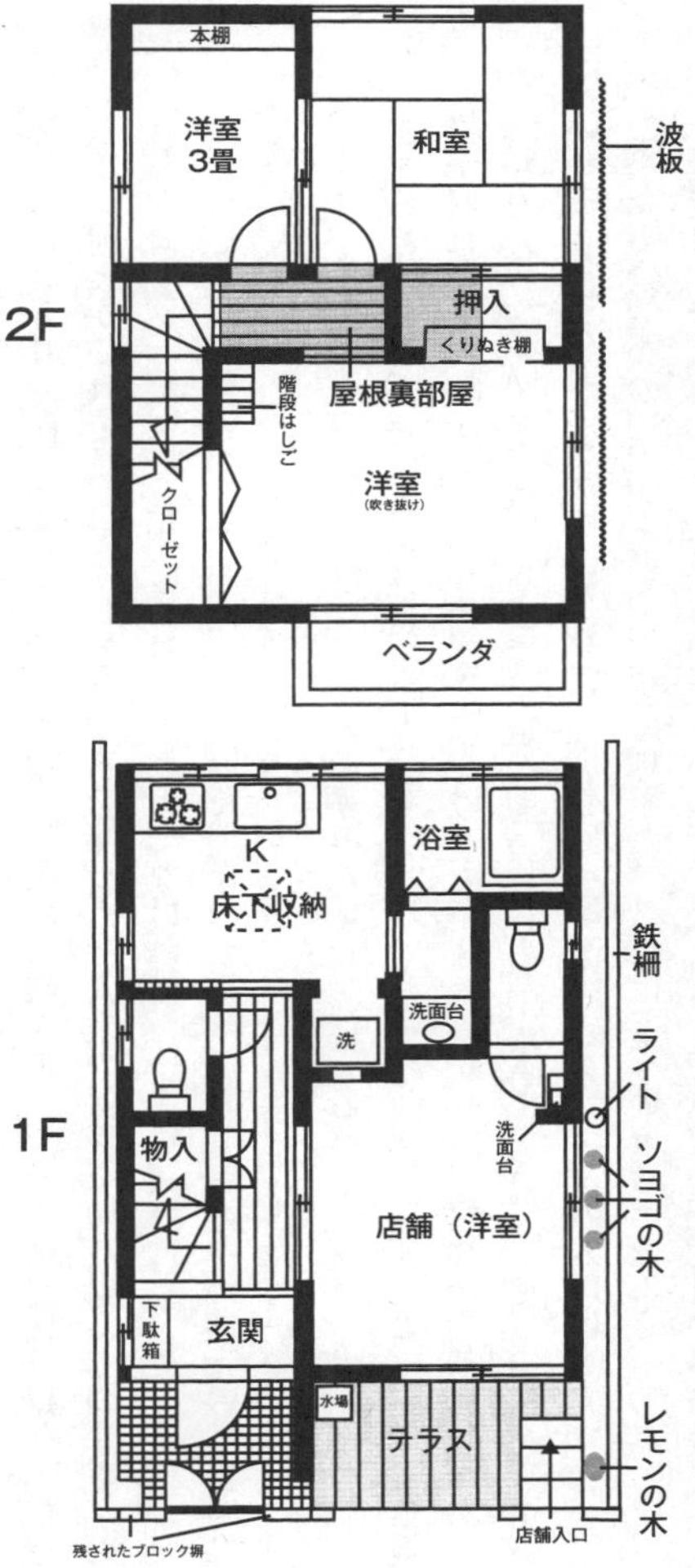
2F
本棚
洋室
3畳
和室
波板
押入
くりぬき棚
屋根裏部屋
階段はしご
洋室
(吹き抜け)
クローゼット
ベランダ
1F
K
床下収納
浴室
鉄柵
洗面台
洗
ライト
洗面台
物入
ソヨゴの木
店舗（洋室）
下駄箱
玄関
水場
テラス
レモンの木
残されたブロック塀
店舗入口

リフォーム後

・その他、床、壁、畳はすべて刷新する

頭金、その他の支出もあり、リフォームに使える費用は解約した保険の返戻金に貯金を加えた350万円が限界だ。施主支給で照明の一部やアンティーク部材を持ち込むとして、何とかこれで受けてくれるところを探そう。人生の保障を切り崩してつくる「おうちショップ」だ。それ相応の誠実な業者でなければ。

さっそく知り合いのつてをたどり、いくつかのリフォーム業者を含め地元の工務店に連絡を入れてみた。

まず、電話で一戸建てのリフォームを頼みたい旨、伝える。

するとどこの工務店も「社長は不在です」「担当者は一日現場です」と、責任者と連絡が取れない。教えてもらった携帯にかけても留守電ばかりで、何件か折り返しがあったものの、「悪いですね。春まで予定がぎっしりで工事できない。他を当たって下さい」「まわせる大工が全くいなくて、忙しいんですよ」と、交渉の入口にも立てない。こんな不景気なのに、どこも大繁盛の様子だ。これはどういうことだろう。

最後は「そんなに大変な工事じゃないんです」と言ってみたが、受付の事務員に「大工がいないんです」と、悲鳴に近い声で断られた。

2009年度の住宅着工戸数は、前年比で3割近く少ない78万戸に落ち込み（国土交通省ホームページより）、1964年（昭和39年）当時の着工数に逆戻りしたとの報道がなされた。住宅業界には木枯らしが吹き荒れているというのに、なぜリフォーム業者はてんてこまいなのか。

新聞の解説によると、今の日本社会は中流がやせ細り、貧困層がふくらむ「ひょうたん型」に変わりつつあるという。日本の相対的貧困率は15・7％（2007年調査）といわれ、6人にひとりが年収114万円以下、つまり月収にすると、10万円に満たず、どんなに働いても普通の暮らしに手が届かないのだ。今や貧困大国となった日本では国民総中流など、とうに過去の夢物語となった。

こんな情勢から新政権民主党は、新築からリフォームへ住まいづくりを転換させることで、ダブついた住宅を蘇らせ、エコ対策にもつなげようとしている。

リクルート社の「住宅リフォームに関する動向調査2008」（複数回答）によると、「中古を買ってリフォームした理由」として、「新築より費用が安い」61・5％、「希望の場所に新築がなかった」36・5％、「新築より広い」30・8％に続き、「好みのデザインにしたかった」「好みの設備を入れたかった」「好みの間取りに変更したかった」と、理想の住まい作りとリフォームが密接な関係にあることがうかがえる。

だが、何といってもリフォームのメリットは安さだ。

お金のある人は思い通りの家を更地から建てることも、豪華仕様のマンションを購入することもできる。予算を拡大すれば、住の選択肢はよりどりみどりだ。

ところが、絶対貧困層の裾野が広がれば、格安賃貸、押入もどきのようなシェアハウスの登場や、今ある家の不都合な部分だけを改善し、長く住み続けようと考える人も増える。

団魂世代を中心とする60歳前後が保有する住宅は、全国に約８００万戸あるといわれている。住宅ローンの返済が終わり、従来なら住み替え、買い替えに踏み出すところだが、老後の不安を抱えたままでは、今の住まいを手直しして住もうということになる。住まいに対する関わり方は、今や変幻自在、いつの世も住まいにかけられるお金は、世の中の情勢とリンクする。

「1年前に比べて、さらに業者がつかまらなくなったのは、所得が下がって新築に手が届かなくなったファーストバイヤーまでが、中古を狙ってリフォームで、理想の住まいを持とうとしているからです」

大手マンションメーカーの新築在庫を抱えた仲介業者の営業マンは、「今時、５０００万円以上の物件を購入できる体力のある人は少ない。皆さん、家で苦労したくない。チラシのうたい文句も『豪華仕様』では効かない。月々の安価な返済額を家賃感覚で明示した方が契約につながるんです」と、住まいへの出費がさらにシビアになった現状を語ってくれた。

それがリフォームにかかわる工務店や大工など、職人の人手不足を引き起こしているのか。

いずれにせよ、業者が見つからないという予想外の展開に、知り合いの電気工事店や植木屋さんにも連絡を入れたが、結果は同じ。「悪いですね、紹介してあげたいんですが、リフォームブームでさ、優良業者は手一杯。数ヶ月先まで仕事を受けられないというんですよ」。

おうちショップという新たな挑戦に、今さらネットで見ず知らずの業者に頼む気にもなれない。地元のつながりもなく、口利きしてもらったのでもない業者は、リフォームブームのさ中ゆえ、リスクが高い気がした。

知り合いの業者に片っ端から連絡を入れたが、皆、あと数ヶ月待ってくれればと手一杯の様子。

つい、この前引退したばかりの工務店社長に尋ねると、「それだけの工事となれば、名の通ったとこだと600万は言われるさ。350万で受けるとこ、あるかなぁ。俺の知り合いでは無理だなぁ」と言われた。600万というラインはどう考えても手が届かない。社長の言葉が一つの基準となり、焦った。

そんな折、友人が懇意にしている不動産業者に当たってくれたところ、いいところがあると、A工務店を紹介された。さっそく、私の予算を伝えてもらったところ、A工務店の専務が、施主支給などで協力してくれるのであれば、工事を引き受けると返答が返ってきた。予算350万円は絶対死守したいラインだったため、とりあえずホッとした。「ただし、町の工務店だからセンスはわからないけど」と、友人は釘を刺した。これまでの施行例を見ても、「和室から洋間に変更」といったお決まりの工事が中心だという。スケジュールと予算の折り合う業者探しもしんどくなり、これまで何軒ものリフォームを手がけてきた私としては、こちらの予算を承諾してくれる会社なら、打ち合わせでどうにかなると思った。

実は、仲介業者の紹介でもう一社からも安めの見積もりは届いていた。だが、「工事する予定だったレストランが倒産して、店舗改装がキャンセルになったらしい。価格交渉は融通が利く。A工務店の専務さんは、いい人なんで、ぜひ使ってあげてよ」と、友人たっての頼みと業者の探し疲れに、ひとまず、A工務店に現場を見てもらうことにした。

師走ムード一色の吉祥寺は、商店街の呼び込み合戦が始まっていた。打ち合わせのため現場にやってきたのは作業服を着た白髪、60代の専務さんだった。少人数でやっている工務店らしいが、彼が現場の責任者だという。専務はこの建て売りを見るなり、何度か吉祥寺のリフォーム工事も請け負ってきたので、この辺りもよく知っています、と言

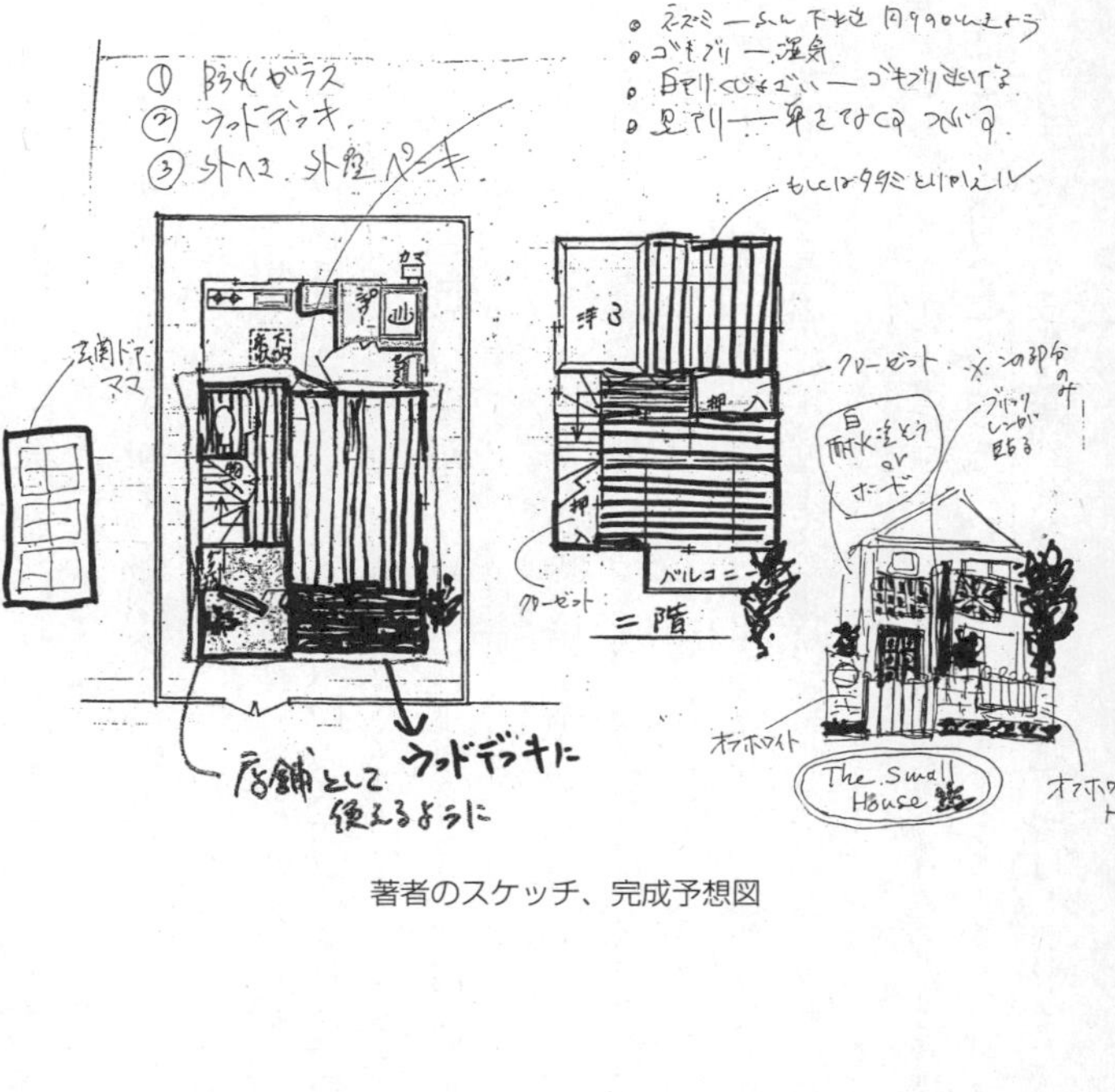

著者のスケッチ、完成予想図

った。

「それにしても、よくこんな場所に見つかりましたなぁ。私の周りでも井の頭公園の近くに探している方、多いんですよ」

横道に逸れそうな話をぐっと引き戻した。今回は今までにも増して費用の問題がある。まず、そこを確かめないと。私はFAXで送った完成予想図のスケッチを見せて切り出した。

「友人から聞いていらっしゃると思いますが、一軒丸ごと工事を350万円で収めたいんです。大丈夫でしょうか」

「……まぁ、正直、大変ではありますが、こんな時代ですからね」

小柄なのにブカブカの作業服を着た専務は、じっとスケッチを見ている。私が描いたラフな間取りプランも。

「うちも殿様商売できませんので、薄利多売でもお引き受けします。ご紹介でもありますしね。ただし、コストダウンを図るため施主支給以外でもご協力いただきたい点があります」

何だろうとドキッとした。まさか工事代金を一括で払えと要求されるのかと身構えたが、専務のお願いはごく常識的なことだった。

まず、キッチン、トイレなどの設備は標準仕様のものから選んでほしい。また、工事に入ってからのプランの変更は費用がかさむため絶対やめてほしい。

専務は神妙な顔つきでこの2点を切り出したが、そんなことは常識なのでと明るく了承。2階も隅々まで見てもらい、吹き抜けにし、屋根裏を作る和室に至っては写メールも撮ってもらった。

何を見せても、何を提案しても「ホウ」と感心するばかり。そこで改めて、この小さな家の1階に店を作りたいという考えを話した。

「約6畳の和室を独立させて店にしたいんです。まだ業種は定まってないんですが、雑貨店、カフェなどに対応できるように、レンガや間接照明を使ってヨーロッパの田舎にあるような工房風にしたいと思っています。その前提でこの古家を見てほしいんです」

すると専務は「素晴らしいですね。私ならここでパン屋を始めますよ。焼肉店はクレームになっても、パンの焼き上がる匂いに文句を言う人はいませんからね」と、今度は興奮気味に私の店舗付き住宅の夢をほめちぎった。

彼が言うには、不況と高齢化が重なり、自宅を改造して教室を開いたり、工房を作って店を兼ねるなどの「生きがい追求リフォーム」が増えているという。

家賃や保証金が必要ない自宅でなら、少ない売り上げでも収入になる。ご近所さんとのコミュニティの中で家事などやりつつ、自分の趣味やスキルが生かせる。

リスクのない「おうちショップ」という発想は、欧州型のスローライフにもつながっていく気がした。

安心したところで気になっていたことを一気に尋ねた。

勢いにまかせて念願の戸建てを購入したものの、いざ、自分のものになると、さまざまな心配が去来したからだ。

まず、輸入材にくっついて日本に到来したと、テレビなどで繰り返し報道される白アリ。2005年3月の福岡県西方沖地震では、蟻害による生物劣化が木造住宅の被害を大きくしたといわれるし。

「この家、白アリやネズミはいないか、工事前に調べてもらいたいんです。特に白アリです」

すると専務は床で足踏みしたり、台所の床下収納を開けて床下に頭をグッと突っ込むなどして、「変な軋《きし》みもないので、大丈夫でしょ。検査もちゃんとやっときますよ。ただし中古物件の場合、歪みのないものの方が少ないですよ」と、言った。

とはいえ、ネズミは駆除するし、万が一白アリの害があれば、工期は延びるかもしれませんが、全ては始めてみないとわからないと。

ちなみに築40年経つ専務のいとこの家は、脱衣所に入るたびギシギシ床鳴りがしていたとか。

「ある日、風呂に入ったところ、浴槽がすごい音と共に床下に沈没したそうです。見に行ったら、湿気の多い脱衣所、風呂場の下から白アリがわんさか出てきまして」

「ええっ」

こちらの顔色が変わったので、専務は慌てて打ち消した。

「この家は床鳴りもないし、心配ございませんよ。それなりに何度も前のオーナーさんが手入れされてるようですし。いとこの家もリフォーム工事で、やられたところを全部取り替えて、今じゃ暮らすのに何の支障もないですから」

口がすべったと言わんばかりの焦りようだった。

彼は1階の庭に面した和室に立つと、提案してきた。店にするなら1階は壁を全部抜いて広々ワンルームにしたらいかがでしょうと、もっと尋ねたいことはあるのに、和室と廊下の間も壁を取り払うと明るくなる、私の知り合いも……、など、話し始めると、どこまでも終わらない。

ちゃんとこちらの意図を汲み取ってくれるのだろうかと、一瞬、不安もよぎったが、どのみち工事が始まれば確認すればいいことと、人の良さそうな専務に「正式な見積もり、よろしくお願いします」と頭を下げた。

するとなんだか専務は恐縮したような顔で「そんな、そんな、こちらこそお世話になります。

ご縁ですから、何でもご要望にお応えします」と、ペコペコ頭を下げた。悪い人ではなさそうだし、何でも言うことを聞いてくれそうだし、何より友人も推薦してきたしと、深く考えないようにした。

「行き違いが発生しないように、最終的にはお互い図面を見ながら打ち合わせしましょうね」

そう言うと専務は、いつでも呼んで下さい、来月中旬から工事に入れるよう、予定を空けておきますので、と喜んで帰っていった。

8　みんなのロマン「店を始める夢」

2010年年始、ただならぬ量の締切りや会社の期末決算に追われる中、税別350万円也の見積もりが届く。どこで調整したかは定かでないが、こちらが計画しているウッドデッキ、トイレ追加などの漏れもなく希望通りだ。

専務から連絡があり、早く正式な契約を交わして、納品に時間のかかるキッチンや室内ドアの発注をかけないと工期がズレていくと急かされた。

工事が始まると外出がちになり、仕事に支障が出るかもしれない。

何人かのスタッフに吉祥寺に古家付き土地を購入したと打ち明け、これから店づくりを始める予定だと伝えた。

偶然、郵便物を届けに会議室にやってきた若手編集者山田君の目がキラリと光る。

「そこは何のお店にする予定なんですか」

かねて、歳をとったらカフェを始めたいと言っていた、山田君らしいストレートな質問だ。

「まだ決めてないけど、イギリスから探してきた服や雑貨や本を販売したいと……」

「もし良かったら、その時は僕をコーヒーを淹れるウェイターとして雇ってもらえませんか」

「ああ、それもいいかもね」

適当に流した。だが、山田君はニコリともしない。

「飲食店の場合、消防法に引っかかると役所からの許可が下りませんが、確かサービスでコーヒーを出す分には関係ないはずですから」

お前、ずいぶん詳しいじゃんと、何人かがからかった。収拾がつかなくなり、話をいったん打ち切った。

日頃から杓子定規で理屈っぽいところがあると思っていた。彼は、山田一郎という名の通り、どこにでもいる20代の青年だが、一流大学を出た同級生は国家公務員や大手企業、もしくは外資に就職したと時々ボヤいていた。

編集部に在籍して2年目になる彼の前職は、ＤＴＰ出力センターのデリバリー係だったらしい。更新無し、1年間限定の契約社員を選んだのは、就活浪人として生活費を稼ぐためだったとか。大手マスコミ限定の就職活動もうまくいかず、うちに入ってきたという。

面接の時、履歴書を見た私は、まるで活字のような几帳面で熱心な書き文字と、就活で鍛え抜かれた巧みな志望動機の文章に驚いた。ところが、ついこの前までは、報告書もヌケだらけで、心ここにあらずという体たらくだった。著名人の名や職業すら間違え、雑誌にお詫びと訂正のプリントを挟むこともしばしば起きた。さっさと謝ればいいのに、その都度、性懲りもなく言い訳をして、最後はムッツリとものを言わなくなる。

劣等感があるのだ。上司は彼のコンプレックスを払拭し、現実逃避のクセを直そうと、山田君のヤル気を持ち上げることに手を焼いていた。

だからだろうか。そんな彼は認められたい願望が人一倍強い。私に限らず、仕事中もいろんな人に自分の読んだ本のことや、ゆうべ作った料理について一席ぶつ。相手が聞いてなかろうとも喋り続け、共感のきざしが見えると満足気にパソコンに向かう。しかも話す相手は女子社員でも同僚でもなく、年配の上司が多いというのも風変わりだ。

だから気遣われ、可愛がられる。そんな彼の瞳が久々に輝いている。

「珍しいですよ。あんなに積極的に話すことなど最近なかったですから。嬉しいなあ。僕も吉祥寺に店を作ると聞いてワクワクしてるんです。一日の大半、原稿と向き合う編集と違って、自分達で見つけたものを直接お客さんと会話して、買ってもらう仕事って新鮮で夢がありますよね」

上司は私の描いた店のスケッチに眼を輝かせていた。

長く会社経営をしていると、社長の一存でレストランを始めたり、リゾート施設を作ったりと、突然異業種に手を出した挙げ句に失敗する例も多々見てきた。それだけに今回の「店を始めたい」夢は、私個人のお楽しみという範疇にとどめるべきだと思っていた。

だが、山田君はじめ保守的な上司までがこの計画に心躍らせ、会社の業務の一環と捉えて店づくりにかかわろうとしている。

「ノースヨークシャーあたりの手仕事をクラフトギャラリーのように展示するのもいいですよね。あの周りには、優れたニット製品が多いし、仕入れ先は雑誌で取材したイギリスの人達だから簡単ですよ」

共に同じ目線でものを見てきたのだから、考えることも似てくるのだろう。

「彼女達はネット通販もしてないしね」

「そうですよ。知的で海外体験を持つ中高年が多い吉祥寺に、イギリスものはとてもフィットする。イギリスの村で代々やってる雑貨店のような店なら絶対当たる」

彼らに承諾をとるつもりが、一気に話が膨らんでしまったが、むしろこの方がいいかもしれないと思った。

店づくりがきっかけで、広がる人生もあるはずだ。そう考えると、工事が始まってもいないのに、何か大きな宝物を得たような満足感に満たされた。

彼らが見ても驚くようなリフォームを成し遂げるのだ。


次の日、山田君は私のもとにやってくると、工事を始める家は吉祥寺のどの辺りですかと尋ねてきた。

当然のように直球で聞いてくるのが今時の若者らしい。

「もし良かったら一度見せて下さい。必要であれば土・日はお手伝いできますので」

私の夢に興味を持った彼は、妙な積極性も出てきている。こういう瞬間を上手に掴むと、沈んだ意欲はたちまち上がってくる。

賃貸派の彼は、東急線沿線を好み、吉祥寺に次いで人気の高い、自由が丘にあるアパートに住んでいるらしい。ハイソなカフェが多いところが気に入っているという。

「山田君が何を手伝うの」

「掃除でも釘抜きでも何でもいいです。家が変わるところを見てみたいと思って」

上司がチラチラこちらを見ている。私はちゃんと原稿を書き上げて、しかも仕事が遅れないのなら考えてもいいと言った。

　すると山田君は嬉しそうに、ペコリと頭を下げて席に戻った。

　そんな様子を見るにつけ、カフェでも雑貨店でも花屋でも、自分の店を持つという夢は潜在的に誰もが持っているものかもしれないと感じた。起業家という生き方は一頃に比べ霞んだ感があるが、おうちショップ的な小さな店はいつ、どこからでも工夫次第でスタートでき、年齢を選ばない自由な働き方にもつながる。

　それが現実になるかどうかは、具体的なキッカケやタイミング次第だが、その入口に私ばかりか、彼らも近づいてきている。

　商いの持つ普遍的な魅力は、どんな人をも虜にする。ましてや店主が競うように自分の世界を作り、自分達ならもっと面白い店が作れると、想像を膨らませている吉祥寺の一角だ。今やそれは絵空事ではなく、この工事が終了すれば現実のものとなる。会社に勤める彼らからすれば、思いがけない新境地なのか。

「お恥ずかしい話ながら、僕の10代の頃の夢も喫茶店を始めることだったんです。だからヤツの気持ちもわかるし、社長の夢に便乗させてもらってでも、何かやってみたいと思ってるはずです」

　だからこそ、お邪魔かもしれませんが、山田のヤツに手伝わせてやって欲しいんですと上司は言った。口は悪いが部下思いの一面がのぞく。山田君に仕事はちゃんとやれと発破をかけた手前、こちらもダラダラできない。

打ち合わせの日取りを決めるべく、専務に確認の電話をかけた。

「こちらが希望する工事を全てやっていただいて350万円ということでよろしいですよね」

すると、意外にも「いやぁ、ここまできたらやるしかないでしょう。またお会いした時にご相談しますよ」と言う。

「ご相談」の一言にひっかかり、「あの、予算はこれ以上出せませんので、コストダウンできる方法を話し合うということで」と言い切った。

予算内で収めるため、費用のかかる浴室には手を付けないという約束だ。再度、図面を描き直す。

「分かりました。お風呂をさわらなければ、その分、違うところにご予算回せますしね」と、少しホッとしたような専務。

その代わり、1階和室を店として独立させるための造作や、当初から考えていた、2階の6畳和室の天井を取り払い屋根裏部屋を作るという計画は必ずやりたいと念を押す。

コストダウンで何もかもあきらめていては、リフォームの意味がない。ヨーロッパの劇場の最上階にある、天井桟敷のような隠し部屋。この秘密の天井桟敷は最低布団が敷けるくらいの広さを確保して、ゲスト用の寝室に使いたい。折り畳み式ハシゴ付きのグルニエ（屋根裏部屋）は昇りづらく、部屋として使いづらいため、階段式ハシゴを作りつけて欲しいと言った。

「多分、大丈夫だと思います。天井を剝がしてみないと正確な位置はわかりませんが……、見積もりには入ってますので」

小さな家のあちこちにたくさんの「居場所」があると楽しい。先々、家族やスタッフが出入りしても、めいめいがどこかを自分のコーナーにできる場は、たくさんある方がいい。

とりあえず、A工務店と契約するつもりだと友人に電話を入れると、「あの人、口下手だから、井形さんの迫力に尻込みしたらしいけど、予算のことは念押ししといたから」と笑ってかわされた。彼も直接工事を依頼したことはないが、専務についてもおかしな噂は聞いたことがないという。

「彼にとっては、ポッカリ空いたスケジュールに工事が入るからありがたいはずだよ」

「えっ、安くても」

「そう。社員で大工を抱えているから、遊ばせてるわけにいかないだろ。多少なりとも利益が出ればやるさ」

友人は余り気にせずいつものようにガンガンやってくれと笑った。

こちらも上司や山田君にまで話したことで、引くに引けないプレッシャーがかかってしまった。だが、これまでどんなガラクタ物件であれ、よみがえらせたのだ。自分を信じよう。

私は契約を前に腹をくくると、改めて図面をチェックした。

9　古家を守る「鉄砲階段」

工事契約書を交わすために、作業服を着た専務が年配の大工さんを連れて吉祥寺の小さな家にやってきた。この家をすでに見ていた上司も、行き違いが起きないよう同行する、とついて来た。スーツを着た上司が会社の者ですと名刺を渡すと、「不動産屋さんかと思いましたよ。貫録ありますねぇ」と、専務は深々と頭を下げた。

野球帽をかぶり、どうもと一礼する大工さんは、少し腰の曲がった小柄なタイプだ。専務の手には最終見積もりと契約書の入ったクリアファイルも見える。

専務だけでは心許ないと思っていたところに、「ひとりで一棟建てられる」ベテラン大工さんの登場とあってホッとした。

「最も指名が多い大工です」と専務が言うと、70に手が届きそうな初老の匠、星さんは「よろしく」と改めて頭を下げた。昔は職人の口数の少なさに緊張したが、何度かリフォーム工事を経験するうち「言葉の少なさは年齢の積み重ね」と、むしろ信頼できるようになった。

大枠の工事内容はこれまで詰めてきたが、契約する前に、耐震については直接確認したかった。築31年のこの家は、新耐震設計基準に変わった1981年以前の建築。耐震補強をすべきか迷うところだ。

実は私が住む武蔵野市でも、耐震にまつわるリフォームを前提にした調査には木造住宅の場合上限10万円、改修工事には同50万円の助成金が出る。だが、調べてみると、耐震工事にかかる費用は100万円～150万円といわれ、手続きや調査に時間もかかる。すでにスタートしようとしている工事とのすり合わせが難しいと思い、今回は見送った。

住宅対策課に問い合わせると、築年数を聞いた職員は、「その時代のものなら大幅な改修工事をしなければ難しいですよ。普通は木造に対する耐震の数値（総合評点）が1・0以上ですが、まっ、おそらく0・5あるかどうかでしょうね」と言われ、ますます大事のように感じた。費用も工期もさらに延びる耐震工事はできればやりたくないが、そもそもこの小さな家が本当に危険なのか。素人の私には家の構造を見抜く力がない。

そこで大工、星さんに問うた。

「この家は地震で倒壊します？」

すると星さんは、おら、神様でねぇから言えねぇよなぁと苦笑しつつも、そこら中の壁をメジャーで測っている。

「今の状態だったらしないと思いますよ。瓦とかは落ちるかもしれないけど」

「なぜ、そう思うんですか」

真剣な問いかけに星さんの声がかわった。

「結局ね、この家は昔の造りなんです。柱が多いんですよ。柱が多いってことは、筋交《すじか》いがたくさん入っているってこと」

「それは見ただけでわかるんですか」

私と上司は身を乗り出した。

「そうね。寸法取ってみると、きっちり3尺の寸法でいっている。そういう造りの家は、全部、筋交い入ってるんですよ。柱も多いってことになる。何て言えばいいかな、1尺が30・3センチで、3尺が90・9センチでしょ。厳密に言うと、3尺ごとに筋交いが入っている昔の建て方なんです。昔の大工はきっちりやるから」

施主、メーカー、役所では大正時代の法改正に則ってメートル法を使っているのに、大工はじめ、現場監督、職人は昔ながらの尺貫法で話すから面倒だ。

専務が私の耳元でぼそっと教えてくれた。

「あの、日本の古い家のサイズは3で割り切れると覚えておくと便利ですよ。大工が家を建てるため、基準を合わせることからきているようです。たとえば、柱と柱の中心間隔は、3尺や6尺のところが多く、全部割り切れるんですよ」

難しいなぁと電卓を叩く上司の横で、私が頭を整理しようとしていると、星さんはさらに続ける。

「昔の叩き上げの大工が手を抜くっていうのは、考えづらい。きっちり調べたわけじゃないけど、私らはそういう感覚で家を見るからね。窓ガラスや扉を見ると、ほとんど狂いがなく水平だ。この古さからいっても、きっちり寸法取って作った家ってのがわかるんですよ」

星さん曰く、今の建て売りは窓が大きい分、壁の幅が狭く、柱と柱の距離がない。そこが問題という。

「そうすると、筋交いが片方だけとか、返しが入ってなかったりするんです。今の人は開放感が大切だから、新築建てる時も窓をでかくしてくれとくる。ところが、窓ってのは耐震にならないですから」

「じゃあ、大工さんから見て倒壊しやすい中古の家って、どんな家ですか」

「そうねぇ、例えば家の隅、直角にガラス窓が入ってる家かな。というのは、ガラスは耐震にならないし壁にもならない。角までガラスが入っていると、筋交いが入らない。鉄筋コンクリートなら別だが、木造の場合はサッシを取り替えて、壁を作って筋交い通して、窓を小さくしないと強さがでない」

「じゃあ、今はやりの角形出窓っていうのは、どうでしょう」

「あまり良くないかな。明るくてかっこいいが、古い家で全体がそういうのばっかりだと、気を付けた方がいい。あと、扉を閉めた時、柱との隙間が上下で5ミリ以上違えば、だいぶゆがみが来て、地盤沈下している可能性もある」

「なるほどねぇ」

星さんの話に上司もうなっている。

星さんは階段横の廊下に立って上を指差した。

「この階段はいささか急で鉄砲階段みたいだけど、階段下の壁には間柱《まばしら》が30センチ間隔で入っている。こっから向こうは、トイレ、台所、浴室、廊下と、たくさんの区切りがあるから壁の量も多い。ましてここは、箱形の小さな家だから強い。地震の時、家を持たせようと抵抗するのは壁だからね」

このような耐力壁をなるべく活かし、新たに壁を作った部分に筋交いを入れる。また、2階は耐震金具で補強すればいいという。

「柱が多い家だから、これで十分。工事中、弱いとこは筋交いや、補強金具で直しといてやっから、安心して」

次第に職人言葉になり、頼もしさが増した。

「阪神大震災クラスの地震が来ても大丈夫でしょうか」との問いに、よく業者は「この家が全壊するときは、他も全部ダメでしょう」と言う。耐震説明に付きものの「たられば アンサー」だが、施主は100％納得できないまま、見切り発車の工事となるのが常だ。

人気のエリアで格安物件となれば、購入すること、手に入れることが最優先となり、十分な調査は先送りとなる。けれど、古い家の不具合を改修し、安全かつ理想の住まいにして暮らすことがリフォームだ。

家中の壁を星さん、専務とともに叩いて歩いた。

コンコン、軽い音なら何もなし。ゴツゴツ、鈍く響く音は構造躯体が入っていると、壁の内側を探ってゆく。

「こりゃ、大黒柱、この向こうは電気が通っている。ここは抜けない、間柱がつながってるから」

図面を広げ、撤去・貫通不可の壁に印を付けていく。すなわち、オープンプランにしたり、造作を加えることのできる場所を明確にする。手元の図面と照らし合わせながら、赤ペンで修正箇所をチェックする。

すべての部屋を丹念に見回り終えた頃、日はとっぷり暮れていた。

吉祥寺の夕暮れは子どもの頃の市場に続く道を思わせる。「いらっしゃい」という呼び込み。焼き鳥や餃子の焼ける匂い。帰宅する学生や子どもの手を引いた母親。

「場所を移しましょう」と、上司がふたりを誘い、4人して商店街にある薄暗い喫茶店に入った。名曲喫茶風情で大きなソファセットが置かれ絵画が飾ってある、若い人が入るのに気後れする店だ。

ほの明るいランプのもと、私は改めて自分の描いたスケッチをふたりに示した。テーブルの上には参考になる雑誌数冊も並べて、具体的なイメージを伝えるため、「The Small House」の写真も見せた。

「限られた予算ですが、よろしくお願いします」と念を押す。

「面白そうですね。星さんなら大丈夫だ。臨機応変、小回りも利きますし」と、専務は自信たっぷりに答える。

「僕自身、あの中古住宅がこのスケッチのように変わることを楽しみにしてるんです。うちの社員も店を開く計画に沸いてますから頼みますよ」と、上司が最後のお願いよろしく頭を下げると、専務は「はい、ありがたくお受けします」と、さらに深々と頭を下げた。

税別350万円のリフォーム費用は、3回に分けて支払うことで合意した。着手金を確認した段階から工事をスタートするという。

工事総費用がしっかり明記された契約書にサインをする。

近々解体に入って、3月末に引き渡し。

書類のやりとりが終了すると、専務にスペアキーを渡した。彼がそれをしわくちゃの紙袋に入れる様子を私と上司はまばたきもせず神妙に見守っていた。

第四章

バリアフリーにとらわれない終のリフォーム

10　開放感求める30代と、区切りたい中高年

実際に契約を交わすと、おうちショップにまつわるあらゆる情報にますます目が向くようになった。

吉祥寺近辺を歩き回っては、古い戸建てを改造したお菓子屋さんやカフェを見つけて飛び込む頻度も増えた。

「こちら、いつから始めたんですか」

「もともとはご自宅だったんですか」

「この商品はどちらのものですか」

と、この3つの質問を向けると、少しずつ会話が始まり、私にとっては重要な、お店の売り上げ、顧客の獲得方法がわかってくる。ひととおり話が終わると、店の売れ筋を買って帰り、食べたり、使ってみたりして、サイトではどんな風に告知してるんだろうと、ネットで調べる至福の時がやって来る。

今や机上の夢ではなく、着々と店を持つ夢に向かって歩み始めた私にとって、趣味と実益を兼ねた仕事がまさに生まれようとしているのだ。

悲しいかな、いずれの店も「薄利少売」と、手間がかかるわりに儲けは出にくいようだ。「雑貨や服は売値の3割が利益ですよ」と教わった。ある時1000円のストール

を買おうとしていた私は、この人の利益は300円なんだと思うと、袋に入れてもらうのも申し訳ない気がして断った。

店で夢を売る仕事を選んだ店主達の住まいは大抵工夫を凝らしていて、店で培ったディスプレイ感覚が遺憾なく発揮されている。そんな店主らの温かな「古家インテリア」とでも呼べる住まいは、雑誌などでよく紹介されている。

圧倒的人気の『Come home!』や、自然と共生する住まいづくりを目指す『チルチンびと』、シンプル生活を目指す女性向けの『天然生活』などロハス系の生活雑誌は、ニューファミリー世代に支持され売り上げも好調。私はこのような流れと、中古物件のリフォームブームは切っても切り離せないと考えている。

次々と店舗を増やしている「はらドーナッツ」の吉祥寺1号店は、古いマンションの一角を日曜大工風にリフォームした素朴なもの。カフェを併設した店舗には古材を使った階段があり、白いペンキで塗ったドアもその手仕事感が粋だと思える。

ある夜、久しぶりにテレビをつけると、若い世代に人気のブランドがプロデュースした建て売り住宅がよく売れているというニュースが流れていた。千葉のはずれに分譲されたシンプルな箱型住宅は、外壁の白さと開放感溢れるウッドフロアが、広々としたマンションのようで、モデルハウスは小さな子ども連れのニューファミリー層でごった返していた。

生成り木綿のワンピースを着た妻たちは、少女のようなロハス系。彼女らの夫は仕事一徹ではないマイホームタイプが多く、通勤に時間がかかっても日だまりのような郊外の戸建てに住みたいという。

今でこそ私は、吉祥寺の小さな家をちまちま区切ってリフォームしようとしているが、確かに20代の頃は、「壁を取り払う」「風呂とトイレをひとくくりにした個室のようなバスルームが欲しい」と、今とは目指す住まいが180度違っていたと思い返す。

子どもが生まれたばかりという30代夫婦のことを思い出した。

出産を機にマンションから中古戸建てに住み替えた多忙を極めるワーキングカップルのふたりは、30坪近い中古住宅の1階と2階の壁や柱を取り除き、吹き抜けを作るなどして開放感溢れるオープンプランの家を完成させた。

「この方が広々として、居住性が高いのよ」

居住性とは――広辞苑によると、「住宅や乗物など、人間がその内部に比較的長時間とどまる場所の住みごこちや居ごこち」を指すらしい。

ここに長時間いられるのだろうか。私なら寝室以外にも自分の部屋を確保しようとするだろうと考えながら、ふたりの新居を見て回った。

「主寝室と子ども部屋も収納家具で区切るだけ。表記は2LDKになるんでしょうけど、実際は1階、2階共にワンルームがひとつずつってかんじかな」

私はどこか腑に落ちずに、「でも子どもが大きくなったら支障が出るんじゃないの」と、尋ねた。するとふたりは建物が立てこんだ都心部の家は、陽当たりや風の流れを確保するため、区切ってはならないのだと言う。

思えば、これと似たようなリフォームをこれまで何度も見た。

吉祥寺に50平方メートルの中古マンションを購入した夫婦は、デザイナーである夫の提案で、ベッドルームとバスルームを分かつ壁の真ん中に、はめ殺しの大きなガラス窓を入れた。

広いバスルームにはトイレや人工大理石の洗面台もあり、ラグジュアリーなホテルのようだ。風呂やトイレにいる時、個室感を楽しみたい、誰にもわずらわされたくないと切望する人にとっては、正直、使いづらそうだなと思った。

壁とドアで区切られた空間にすっかり慣れた私にとって、全て丸見えの家は、どれほどモダンなインテリアといわれても居心地の悪さを感じてしまう。区切られた部屋の狭さや薄暗さは、時として底知れぬくつろぎ感をもたらし、家族とも距離が置ける。友人と長電話したり、読書や映画を楽しむのに最高の環境とそこで過ごすひとりの時間は、何ものにも代え難い。

かねてより日本の町屋、イギリスの古いコテージなど、小さな窓のある薄暗い個室にこそ、10代から追い求めてきたくつろぎの家の要素があると思っていた。

これからリフォームにとりかかる吉祥寺の家の1階を、ワンルームにしたらいいと専務が言った時、強く違和感を感じたのは、ちまちました個室への強いこだわりのせいだ。でも、それはどこからくるのだろう。

私のラジオ番組で長くゲストを務めて下さっている住宅アドバイザーの平生進一氏に、若い世代、そして中高年のリフォーム感覚の違いについて問うてみた。年代によって、目指すリフォームのポイントが違うのではないか、という私の疑問に彼はこう言った。

「端的に言えば、若い世代は開放感を求め、中高年は区切りたがるんですよ」

ますます活性化するリフォームブームの中でくっきりと浮かび上がる価値観の違いを彼も感じているという。

「若い人のリフォームっていうのは、たいていの場合、空間を大きく使おうとワンルームにする。『これから家族を作るんだから絆を深めよう、みんなで一緒にいよう』っていう感じです。ところが、中高年の場合、都市部においては定年を迎え、あるいは目の前に定年が見えてきて、『ふたりの暮らしがこれから始まるわね』と、家の中に目を向ける。子どもたちも独立して、少し空間に余裕ができると、子ども部屋をどうしようかと考えることが、リフォームを検討するきっかけになるんです」

「そうすると、空いた子ども部屋は、どんな使われ方が多いんでしょう？」

「意外に寝室になったりするんです。夫婦がいつも一緒にいると、時にはひとりになりたいし、亭主のいびきがうるさい、風邪をひいたり病気で寝込んだ時はひとりで寝たいとなるんです」

　こんなことから日本では夫婦別就寝という欧米ではありえないコンセプトまで生まれた。

　70代になる私の父も、広々とした家に住みながら、気がつけば4畳半の書斎に引きこもっている。部屋にはテレビや冷蔵庫、休める安楽椅子もあり、いつもビールが冷えている。

　夫婦仲が冷めたからではない。思いっきり羽を伸ばし、好きな時にテレビを見たり、ゴロンと横になれる私室を作ることは、互いの健康への配慮にもつながり、夫も妻も自分の領域を確保して、気兼ねなく自分のことを始めるきっかけなのだ。

　その分、ふたりで過ごす場所も見直される。

「実際、夫が退職すれば、ふたりで家にいる時間が長くなりますよね。そうして考えると、人間は食事中心ですから、キッチン……要するに食生活をどうしていこうかとなるんです」

ふたりきりなんだから、ダイニングやキッチンも簡単な朝ご飯、昼ご飯を作ったらすぐ出せて、そこで食べられるつくりに変えてしまう。

ヌック形式のキッチン。要するに、キッチンに小さなテーブルを置くスペースがくっついているような感じは、中高年のリフォームで人気なのだと平生氏は言う。

食事は簡単になり、品数も減る。一方で夫の方にも自由な時間は増えるから、男にとっても使いやすいキッチンに、となる。

「これは男厨《だんちゅう》とも言うんですが、『よし、これからは俺もたまには厨房に入ってご飯作るぞ』という男の厨房では、妻に教わりながらふたりで料理できる広い作業台が要るんです」

今までは子育てや職場で満たされていた自分という存在意義を、趣味や楽しみに没頭しつつ、改めて模索するのが第二の人生だ。終のリフォームは単に住宅の性能を上げるだけではない。これからどう生きていくのかを考えるスタートだ。

私の場合はそれが、店も開けるおうちショップという形になったのだ。

11　ダウンサイジングの住み替えを邪魔する、居座る子どもたち

区切る以外にも中高年に提案したいのが、減築――ダウンサイジングや、小さな家への住み替えだ。

都心のマンションを販売する不動産業者は、依然、購入者の大半は現役の勤め人が多く、定年してこの先仕事もなく、定収入もないという人が、住み替えでマンションを買うケースはきわめて少ないという。

「家の住み替えはかなりのエネルギーがいる。ある程度定収入がある50代から考えるべきです」と多くの有識者も提言する。

人間、退職金をもらったとたん、これからの生活をどうしようかと萎縮して、なかなか前向きな行動ができなくなる。そんな時、リスクの少ない住み替えの選択肢「ダウンサイジング」が浮かぶが、日本人には抵抗感もあるようだ。

「一度大きな家に住んだら、小さな家に引っ越すなんて無理。気分も落ちるし、第一、家具や生活道具も捨てなきゃならないし、スペアルームがないとお正月に皆が集まることもできない」

わざわざ今の自宅よりも小さな古家を購入したことに、友人は、戸建てから快適で広々としたマンションへの引っ越しはあり得るが、戸建てから古くて狭い戸建てへの住み替えは、何のメリットもなく考えたこともないと言った。

確かに冷静に考えればとても勇気のいることだが、私は、歳をとるほど家は小さくていいいと思ってきた。

それは30年近くイギリスと日本を行き来した中で、学んだことのひとつかもしれない。

私が小さな家にひかれたのも、イギリスでの見聞がもとになっている。

これまでイギリスで出会った中高年は定年退職後、第二の人生に向かう時、家族で暮らしていた家を思い切って売却し、バンガローと呼ばれる小さな平屋などに住み替え、家を小さく「ダウンサイジング」していた。

あるいは、友人知人の後を追うように、リタイアメントタウンと呼ばれる海辺などの街に越して、高齢者同士互いに助け合い、自由な時間の中で親交を深めていた。

人生ゲームのように一コマずつ住まいのハシゴを登る彼らは、まず結婚するとワンルームのステュディオと呼ばれるフラットを購入し、その後生まれてくる子どもの数に合わせて増築して部屋数を増やしたり、売買を繰り返し、少しずつ広い家に住み替える。こうして子どもが18歳になった時、マイホームは最大級となる。

けれどその後、子どもたちが独立してしまうと、寝室が幾部屋もある大きな一軒家は、掃除の手間やメンテナンスが負担と、小さな家に住み替えていく。

老後ひとりになっても維持できる適切なサイズの家のほうが、大きな家に住み続けるよりはるかに無理なく快適だし、背負いきれないお荷物は、さっさと肩から下ろせば身軽になれる。売買で手元に残った差益を貯金に回せば、老後の生活費もできるとあって、実に合理的な考え方だと、私も参考にしようと思っていた。だからこそ今回、小さな家を理想の終の住まいだと思えたのだ。

だが、このようなダウンサイジングする考えにも、社会情勢と共に変化の兆しがあらわれている。

長引く不況が庶民の暮らしに影を落とす日本では、これまでのようにわが子を援助できない親と、就職もままならない子どもたちの利害が一致し、大学卒業後も実家に居座る独身者が急増している。

総務省統計研修所の調査によると、親と同居する若年未婚者（20～34歳）は２００９年には１０９７万人を数え、同居率は過去20年間40％台の高い水準で推移、近年さらに上昇傾向にある。若年層における臨時雇用（雇用契約期間1年以下）が増えて、所得が低いなど経済的な理由が、親との同居を増加させているからだ。

晩婚化や一生独身を貫くといったライフスタイルの変化がこれに拍車をかけて、本来であれば、50代で夫婦水入らずとなるところが、夫が定年になっても子どもとの同居が続くという結果を招いている。その結果、住まいを売ることも貸すこともできず身動きがとれない。

ある不動産業者と話した折、「夫婦になったらダウンサイジングして楽しく老後を暮らしましょうというスタイルは、ひょっとしたら20世紀のアメリカンドリームだったのかと思うんですよ」と、言われ、どきっとした。

実際、私の娘は17歳で家を出たものの、成人した今も同じ吉祥寺に暮らしている。独立というより、何かあれば実家に戻り、ご飯を食べ、泊まりもする半同居生活に近い関係が続いている。

知り合いのお嬢さんは月額5万円弱の通学定期を買い、群馬県の実家から都内の大学に通っているそうだ。その方が仕送りをするより経済的だと親に説得され、ひとり暮らしをあきらめたとか。ここ最近になって、何時間も電車に揺られ、大学や職場に通う遠距離通学・遠距離通勤をする若者の話もよく耳にする。

こんな現象は日本だけではない。

この不景気でイギリスやアメリカでも、成人した子どもたちがなかなか家から出て行かなくなった。

２００９年12月の英国国民統計局のデータによると、20年前には約12・5％であった若者の両親同居率が、最近では5人にひとりの約20％へと大きく上昇し、ブーメラン現象を生んでいる。

大学卒業後、親元にブーメランのように戻ってくることから名付けられたこの現象は、近年の景気後退による収入ダウンに加え、長年続いた不動産ブームにより、ここ20年で住宅価格が平均的な年収の3倍から5倍まで跳ね上がったことが原因だという。

住宅の取材で訪れるイギリスでも、屋根裏部屋などに寝袋がころがっていたり、庭先の納屋やガーデンハウスにパソコンとソファベッドを入れて、成人した子どもたちが同居している。いずれも家賃が払えないためだ。

「ダウンサイジングの本家本元、欧米の子どもたちが家賃を払えなくて親元に居座っているのだから、日本でもこの先もっとパラサイトが増える可能性がありますね」

前出の不動産業者は、これから子育て終了後の夫婦の住まいがエンプティ・ネストとなるのは、60歳か65歳か、これまでよりずっと後になると言った。

12　工務店の陰謀——真っ平らの床

人生後半を見据えた家づくりということになると、家の中での転倒事故も防がなければいけない。手すりも付ける必要があるだろうか。私がそこに重きを置いているというよりも、両親も含めた周囲は、終のリフォームはバリアフリーだとうるさいほど声を揃える。

私自身、さして意識していなかったが、中高年のリフォームといえばバリアフリーが必ず話題になる。今回のリフォームでもデザインにばかり気を取られていたが、お客様も自分も年老いていくのだ。正直、今の自分にとってはさしたる必要性を感じないが、やらなければ先々恐ろしい結果を招く気もする。

専務に、床はバリアフリーになるんでしょうかと尋ねた。

「もちろん、できる限り段差はなくします。場所によっては難しいところもあるでしょうが、またご相談します」

急に早口になり、その辺は大工とも相談しますのでと、ソワソワし始めた。「相談する」という返答が、なぜか逃げ口上のように感じた。

「どうせ床を貼り直すわけですから、将来のことを考えると、そこはちゃんとしていただきたいんです」

そう言うと、怒られた子どものように首をすくめ、努力しますと言う。その反応にこちらまで口ごもってしまった。

住宅アドバイザーの平生氏に再びバリアフリーについて考え方を尋ねると、彼は興味深いことを言った。

「うーん、全て真っ平らにするよりも、むしろ、今は家の中で段差を付ける考えも有りなんです」

「あえてなぜ、そんなことを。将来、もしものことがあった時、車椅子で移動できないじゃないですか」

するとと彼は笑った。

「皆さん同じことを言うんです。車椅子で生活ができるかどうか。でも、実際にそうなったとして、今の日本の住宅事情で車椅子で生活できる家などほとんどない。十中八九ほとんどの方は施設に行くんです。そこにとらわれると、終のリフォームは失敗する」

はたと思い当たった。そうだ。車椅子が通るには最低75センチ以上の廊下幅と、150センチの回転直径がいる。日本の廊下の平均幅が内法《うちのり》（有効幅）で80センチ～85センチということを考えると、ほとんど現実味のない話になる。

平生氏は、だからこそ段差のメリットを訴えているのだ。

「ひとつの例を挙げましょう。今、和室は若者から中高年まで、とても人気がある。畳は寝っころがれるし、座れるし、マルチなんです。そんな和室を板の間に続く部屋として、バリアフリーで同じ面にすると、中高年は一回座ったら立ち上がるのが大変ということになる。じゃあ、どうすればいいか。畳と板の間に30センチくらいの段差を付けて、居酒屋さんでいう小上がりにするんです」

「小上がりですか」

「そうです。そしたら、畳の上を正座しながら前進するなど、いざりながら室内を移動するときも、立ち上がるにも便利だし、腰掛けることもできる」

「てっきり私は、つまずいて危ないのかと思ってました」

平生氏は、ほとんどの人がそう思うんですよと笑った。

「これがバリアフリーの大きな誤解です。バリアフリーっていうのは、老年になると1センチ前後のちょっとした高さが危ないから、解消しようという意味なんです。30センチほどある段差は、制度上も大丈夫なのに、何となく全部を真っ平らにしないといけない、事故になると思っている。これぞ工務店やハウスメーカーの陰謀ですね」

業界に身を置く彼は、はっきりそう言った。

「住まいにある程度の段差が必要だったなんて、知らなかった」

私の常識がひっくり返った。

「その方が立ち上がりやすいし、使いやすいはずですよ。たとえば、赤ちゃんのオムツ替えは床の上やじゅうたんの上ではちょっと抵抗あるでしょ。でも、畳の上なら平気でできる。おばあちゃんが孫をあやしてオムツを替えてそのまま抱っこして立ち上がりたい時に、段差はあった方がいいわけです」

そういう意味で小上がりや縁側、土間と畳の高低差など、日本の暮らし方はある意味洗練されていたのかもしれない。ちょっとしたところにも暮らしやすい機能が考えられていたのだから。靴のまま家に入る西洋では、腰掛けるのに床は汚く座れないから椅子がいる。こうして椅子やソファなど家具が発達した西洋より、日本の方が繊細なのか。

平生氏の話を聞いていてひとつ気付いたことがある。バリアフリーの家を思い浮かべるとき、そこには必ず杖をついて歩いたり、車椅子を使う設定がセットになっていた。けれど、そうなった時には、ひとりでは生活できないし、介助者が必要になる。ましてや、店を続けることもできないだろう。

そう考えてみると、確かに老いた自分を想定して、今の段階でリフォームすることは意味がないのかもしれない。それより、充実した60代、70代を見据えて、いつでも店を始められる家づくりに力点を置いた方がいい。

家は病院やホスピスではない。私にとってのこれからの家は、安らぎの場であるけれど、社会に大きく門戸を開いた、活動の場でもあるのだ。

第五章

おうちショップですべきこと

13 間取りの肝はコンセント、電話線の位置

さて、マンション、一戸建てにかかわらずリフォームの立ち上がりで肝心なのは、コンセント、テレビ線、電話線、照明用の電源をどこにもってくるかを、解体前に必ず決めることだ。

前に友人の中古マンションリフォームを手伝った際、壁紙をどうするか、キッチンのメーカーはどこにするかなどのデザインの方に気を取られ、工事の最終段階で各部屋のコンセントが少ないことに気づき、大慌てでした。

担当した工務店は、「何の指示もいただかなかったので、コンセント口も増やしてないですし、場所も移動せず新品に取り替えただけです」と言い、やり直すなら追加費用がかかるという。

施主である友人の言い分は、パソコン、プリンター、テレビ、オーディオなどの電気製品を山ほど持っているため、お任せします、考えて下さいと一任していたつもりだったという。両者話し合いの末、ほぼ完成したクロスを貼る土台――石膏ボードに穴を開けたり、再び剝がしたりしてコンセントを増設した。わずかな追加費用で収まったものの、手順が狂って完成が大幅に遅れた。

このような過去の苦い経験から、工事が始まる前に必ず電気（コンセント）、テレビ、

電話、エアコンの位置を印した図面を業者に手渡すようにしている。

今回はおうちショップを目的とした一戸建てだ。追加費用を発生させないため、綿密に段取りをしなくては。店と居住区の動線も含めて、毎回中古物件リフォームで頭を痛めるコンセント位置や火気と水気の狭間で悩むキッチンに関しては、何度もシミュレーションした。

約4・5畳、狭いキッチンのどこに炊飯器、電子レンジ、冷蔵庫という必須アイテム3つを置くか。「テレビを観ながらご飯を食べる」こともできるよう、テレビ線も確保しなくては。

悩みの種は炊飯器。蒸気が立ち上り、壁や天井を傷めるため、なるべく換気扇や窓のそばに置きたい。ところが換気扇はガステーブルの真上にある。火元近くには絶対コンセントを持ってこられないため、あれこれ思案した挙げ句、この家では小さな食事テーブルをキッチンの一角に置く前提で、そのそばの壁面に集中的にコンセントを配した。ここなら窓を少し開けておけば何とかなるだろう。

洗濯機置き場も庭先から室内に移動する。風呂トイレ別と同様に、「室内洗濯機置き場」も、店を始めれば早朝か深夜に洗濯機を回すことになるから必須条件だ。作業動線から、キッチン近くに設置するのが自然だろうと、店舗にかわる和室への通路をふさぎ、そこに洗濯機置き場を作ることに決めた。

これによって南面の出入り口が壁でふさがれるため、北側のキッチンが暗くなる。2面の窓は付いているが、南からの光も取り込みたい。

そこで洗濯機置き場の壁上部にステンドグラスをはめ込むことに。これだけで小窓が出来上がり、狭小感も薄らぐ。ひとつが決まれば水道、コンセントの位置も決まってくる。

図面には照明の位置と、天井に埋め込むダウンライトか吊り下げるペンダントライトかなどの種別も明記した。

ヨーロッパの家のような薄明かり、間接照明にこだわる私は、まず照明器具ありきと、地元吉祥寺近辺や遠くは茨城にある英国製アンティークのウェアハウスまで何度も車で往復した。

30代の終わりに自宅を建てた時も、ロンドンのフラットでも、これまでのリフォームで一貫してこだわったのが照明だった。

数千円で購入できるレプリカものは本物よりはるかに安いうえ、ほのかな明かりのニュアンスによって室内に陰影が生まれ、古い家の良さが引き出される。横浜のイケアにも足を伸ばしてみたが、あの混雑と店員不在の売場で商品説明を受けられない不便さから、結局いつも茨城までやってくる。

英国製アンティーク家具と共に、巨大な店内に所狭しと照明が並ぶこの茨城のウェアハウスは、イギリスの解体業者が営む階段や石碑、看板まで押し込まれたサルベージショップのようで、いつ来てもワクワクする。

小さな家のキッチンには、インダストリアルデザインを連想させる無機的で手頃なアルミ製のペンダントライトにする。それ以外、3畳の洋室など狭い部屋には、透明ガラスのペンダントライトを、フランスやイギリスのアンティークは高額なので、アジアで作られたレプリカをセール品の中から探す。

3000円～4000円で雰囲気のあるものがそろい、かつ、一番美しく見える長さをあらかじめ測っておけば、ここではコードの長さや留め具も調整してくれる。アンティーク照明で起きがちなソケットが合わない、留め具がゆるむなどの心配もない。

肝心の店舗は6畳強と狭いため、黄緑色の置き型ランプをアクセントに、アルミ製のシェードなど素朴にまとめることにした。

売場をウロウロしていると、ひときわ目立つシャンデリアがあった。ロンドンでもお目にかかれなかった全長50センチのゴシック調12灯式真鍮《しんちゆう》シャンデリアだ。価格もセール品で安い。

噴水のようにうねったアームの先に付いた12個の電球。『嵐が丘』に登場する英国の古いお屋敷に似合いそうだ。これだけのインパクトながら、3万円台とお買い得になっている。吹き抜けにしようと考えていた2階の洋室に付けられればいいなと思った。

重量が6キロとかなり重いため、大丈夫かとA工務店に連絡を取り、専務の携帯に写メールを送った。すると折り返しA工務店の社員から、「もし、買うのであれば、天井を取り払った後、梁に直付けできるよう、金具を取り付けてもらって下さいと専務が言ってます」と、メッセージが届いた。

このシャンデリアはチェーンでなく、太い支柱でつながっているため、後ほど長さ調節も頼まなければならない。少し早計な気もしたが、セール品とあらば仕方ない。イチかバチかで購入した。

イメージはぴったりだし、いぶし銀のようで安っぽさがない。安価なレプリカ照明は、チープに見えないことが前提だ。小さな家であるほど、照明は家具以上にインテリアの善し悪しを決定するのだから。

頻繁に現場に出向いては、現状の写真を携帯で撮るなどして図面を見ながらイメージを練る。購入した照明が壁付けのブラケットなのか、吊り下げるのかによって電気屋さんの配線も変わるから、図面に種類や位置を記して、言った言わないを含めた行き違いを防ぐ。

解体工事が始まり、室内がゴミ屋敷のようになると、素人目には一体、電気がどこに来ているのかわからなくなる。営業マンや担当者もしょっちゅう走り回っているから、確認をモタモタしていると、頼んだことが現場の職人に伝わらないまま、電気屋、水道屋、設備関係の業者が次々と入って気が付いた時には、せっかく用意した照明が付けられないようなことになる。

誰もがわかるよう、職人と情報を共有するための図面は、こだわりの家を造り上げるため不可欠なのだ。

コストダウンを図るため、まだ使えそうなものを現場から探し出す作業も忘れてはならない。

家中を探検隊のように上司と共に歩いていると、「月が〜出た出た〜」と、彼が鼻歌を歌った。見ると、階段上の天井にホコリを被った丸い乳白色ガラスの吊り下げ照明がぶら下がっている。シンプルで品がある昔の日本の洋館を思わせた。

「いいわね」と私が言うと、彼はすぐさま「捨てるな再利用」という貼り紙を貼った。

2月に入り、いよいよ小さな家の解体工事が始まった。

工事開始とともにオフィスのある新宿から吉祥寺まで空き時間を見つけて往復することが日課となった。木造家屋の底冷えは例えるなら冷蔵庫のようで、風邪をひかないためにもセーターを重ね着して行く。養生シートの上に転がった大工道具を踏まないように、完成した照明、コンセントなどの指示書を専務に手渡す。

「ここまでやって下さるとは」と恐縮しつつ図面のコンセントを数える専務。再利用する丸い照明に気付くと驚いている。

「えっ井形さん、これも使うんですか」

「もちろん。玄関開けたら満月の月がぶら下がっている感じですよ。こんな照明、今時どこにも売ってないですから」

「はあ、しかし、せっかくリフォームするのに、こんな使い古しの汚い照明を玄関に、ですか」

「何もかも新品でなくていいです。これを使えば、その分出費も抑えられますし」

そのひと言に専務は、まぁ、うちにとってはありがたいですが、と頭をかいた。

各部屋と図面を見比べる専務の後ろ姿をぼんやりと眺めていると、「いや、待ってくださいよ。エアコンだ」と、突然慌てだした。

「店にひとつ、キッチンにひとつ、2階にふたつ、合計4台のエアコンを入れるんですね」

すでに伝えておいたのに、確認するとは何か問題でもあるのか。

「専務さん、普通の住居であれば狭いキッチンにエアコンは必要ないでしょうが、1階の和室を店にした場合、出入り口を全てふさいでしまいますから、夏場、キッチンは大変な暑さになるんです」

ここでできないと断られぬよう念を押す。

「そうでしたなぁ……」と専務は頭を抱えた。

今さらのごとくフーッとため息をついて、

「60平方メートルもない家にエアコン4台必要となると、店と居住区で同時に使った場合、いっぺんにブレーカーが飛んでしまう。ここは30アンペアしかないですからねぇ」

居住区と店の電気が同時に止まるようでは、どちらにとっても困る。選択の余地はない。

「ではアンペアを上げて下さい」

簡単な作業、のはずなのに専務は、参りましたなぁーと、携帯電話を持ってあちこちに連絡を取り始めた。

14 「分電」「内カギ」「トイレ」でいつでも店が出来る家

冷たい雨の中、工事の様子を見に行くと、家の中は廃材と作業する人で通り抜けることもできないほどで、職人さんに差し入れを渡すと、すぐに退散しなければならなかった。

あれから何度か専務に連絡したが、ブレーカーの問題は何の応答もないままだった。一軒の小さな家を、店と住まいのふたつの用途に分けて使う可能性があるのだから、ライフラインだけは整理すべきなのにと気を揉んだ。

この頃、私のもとには出版された『老朽マンションの奇跡』にまつわるインタビューや撮影の依頼が相次ぎ、思うように時間がとれないまま、吉祥寺のリフォーム済み老朽マンションと、小さな家を行き来する毎日が続いた。

家具や道具も入り、すっかりロンドンフラット風になったメゾネット式の築35年マンションに訪れた、新聞社、雑誌社の方々は、「ウワォー、これが500万円のボロボロマンションですか。たった200万円でこんなに変わるんですか」と、目を見張った。

特に巨大タンクのような給湯器が消え、洗濯機置き場やタイルで仕上げた洗面所、トイレなどが収まった水回りコーナーは好評で、入れ替わり立ち替わり中をのぞき、「ここなら住んでみたい。おたくの社員さんがうらやましい」と、心から言って下さる。取材が終わると、インタビュアーが本当は自分の家をもっとこうしたかったと話し始め、住宅談義に花が咲く。

住まいの話はエンドレスだ。

くだんの本の主人公となった、ゼロゼロ物件に苦しめられた若き男性社員は、暖炉のあるメゾネット式のこのマンションに住み始めてすっかり落ち着き、恋の噂も聞こえ始めた。

住まいがリフォームによって変わるように、人生もまた住まいで変わるのだと改めて感じた。

彼の幸せな暮らしぶりが漂う部屋を隅々まで見ながら、これからはいよいよ、自分の夢のための家を作るんだ。新たな挑戦に向けた山を登ろうと、決意するのだった。

取材に来られた方々に、小さな家の話は伏せておいた。リフォームに次ぐリフォームで「家道楽」と思われるのは不本意だし、工事は専務との間にまだまだ解決していない案件もある。

この日も上司に同席してもらい、老朽マンションの改造劇に対するインタビューに答えながらも、頭の半分は4台のエアコンとブレーカーをどうするかでいっぱいだった。

平日の吉祥寺もすっかり馴染みの風景となった。騒々しい駅前から商店街を歩き、小さな家に向かう道すがら、久々に見る工事の進行に期待を膨らませているのか、上司はよく喋った。

現場に行ってみると、廃材が堆《うずたか》く積もっていた数日前とうって変わって、室内は小ざっぱりして、壊し作業に取りかかっていた若い衆もいない。

「あれ、工事が始まってまだ間もないのに、ずいぶん静かですね」

確かに家の前に停まっていたA工務店のライトバンも見あたらない。

「ごめんください」

奥のキッチンから坂本冬美の演歌が金づちの音とともに聞こえてきた。

コンビニで買った缶コーヒーの入った袋をたずさえ、厚底の長靴を履いたまま廊下を進むと、見知らぬ新顔の中年大工さんが石膏ボードを壁に打ち付けている。その後ろで携帯で打ち合わせをする大工、星さんが私たちに気付き、

「解体終わりましたよ」

と言った。

私は初めて見る大工さんに施主ですと挨拶して、コーヒーを渡す。上司はへぇーっ、ずいぶん変わったなぁと、ひとりごとを言いつつ、キョロキョロしている。

ひとまず店舗となる和室をのぞいた。畳は全て撤去され、押し入れや洗面所と和室を仕切る北側の壁も取り払われている。いきなり開放感が出た。なるべく店となる部屋を広げたいという希望はかなった。

こうなると気がかりなのはブレーカーだ。店とキッチンそれぞれに小さなエアコンを入れ、どちらからもブレーカーが上げられるようにすること。かつ、アンペアを50に上げること。

電気や水道やガスは、それこそ専門業者頼みとなってしまうから目が離せない。

「冬の寒さはしのげても、夏の猛暑は熱中症になりますからね」

と、上司は私が書いた指示書に目を落としていた。

そこに専務がぺこぺこしながらやってきた。

「やっぱり、電柱からの引き込み工事を依頼しないとだめみたいです」

上司が眉をつり上げたので、専務は「私もあちこち聞いた結果ですが」と、前置きした。

「簡単に言うと、現在、容量が30アンペアしかないこの家は、電柱から電線が2本しか来てない。それ以上上げるとなると、電柱からさらにもう1本引いて、線を3本に増やすしかないんです。そうすれば40でも50アンペアでも上がります」

「でも、住まいのほうにブレーカーを設置したら、万が一、昼間、雷が落ちて停電になった場合、店番をしている人は玄関から家の奥まで入って復旧するしかない。それって面倒ですよ」

私はあらゆる想定を思い巡らした。

「そうなんです。だから容量を上げて、その上でブレーカーを2ヶ所に付けるんです。洗面所にひとつ回線を引き回して、店のトイレにもうひとつとブレーカーを分けておけば、店のブレーカーが落ちても、居住区に駆け込まず、自分で上げられます」

つまり、容量を上げて分電するということだ。工事費用はかかって10万円という。ひとかどの追加費用が発生するが、電子レンジ、洗濯機、炊飯器、エアコン。このいずれかが同時に作動するたび、ブレーカーが落ちたのでは騒動になる。住まいの中に店舗を作るのだから、容量を上げて分電することは、致し方ない。さっそく工事を依頼した。

家の中に店を作るために考えることはたくさんある。だが、「おうちショップ」は最近のトレンドではない。悠久の時をさかのぼっても、店と住居は一体だった。

そもそも、日本の家は家族の生活のためだけではなく家業を行う場所だった。大正時代以降に家業と家族の生活が区別されるにつれ、家族団欒の場が確保されるようになったが、住宅史をひもとけば、家と仕事場をドッキングさせることはごく普通のことだったのだ。

明治時代の大多数の家族は農業を営んでおり、住居は生産の場でもあった。それが近代化により、公務員、会社員といった俸給生活者が出現し、生産や労働が住居から独立した場に移されたのだ。

私が育った長崎の木造家屋が浮かんできた。

昭和30年代、一代で金物店を興した祖父の要請で、東京に暮らしていた両親は私を連れて長崎の銀屋町に引っ越し、そこで暮らすようになった。当時は商売が信用と誠実さで成り立つ時代で、祖父の人柄は商店を大いに発展させた。

私たち一家は祖父の店の2階へ引っ越した。1階はお店と台所兼食事所、お風呂と便所だった。店舗部分と台所にはさまれるかたちで2階へ行く階段があり、階段を上がった両側に部屋があった。左側は祖父母たちの部屋、私たちは右側にあるふたつの和室を使っていた。

原爆に遭った古い家で、建物が傾き、襖を閉めても上か下かどちらかが空いてしまう。夜、天井からネズミがゴト、ゴトと走り回る音がして不気味だった。

小さな中庭の方に向かった建て付けの悪いガラス戸を開けると、屋外には梯子があり、2階の屋根の上には木で出来た洗濯もの干し場、「カケ」があって、騒がしい子どもたちの格好の遊び場だった。

台所を抜けたところにある1階のお店には、食事中もお客さんが来れば祖母がエプロンを着けたまま出ていかれた。

そんなイメージがこの小さな家に投影される。

「ではアンペアを上げる手配をしましょう」と、外に飛び出そうとする専務を呼び止めて、私はもうひとつの案件を持ち出した。

「大切な問題があるんです。店の出入り口をどこにすればいいのか、そろそろ決めないと」

「ああ、そうですね。工事がどんどん進みますからね」

「防犯上も住まいと店の玄関は分けたいんです。と、なると、南側の庭に面した窓を開閉し、そこから出入りしてもらうしかない。そのためにも店舗と同じ高さのウッドデッキと、階段を設置しなければ」

すると専務は、いい考えです。それでいきましょうとメモを取った。

また、私は家の中で店を完全に独立させるため、廊下側の引き戸を壁で囲んでしまおうと考えていた。だが、その考えに専務は反対した。

「ひょっとしたら、店も住まいも将来ひとりで使うかもしれない。引き戸のままにして、店舗の内側からカギをかけられるようにしておいた方が、後々煩わしくないですよ」

一瞬、面倒だからやりたくないのかと思ったが、冷静に考えればその方が使い勝手が良さそうだ。

「今の引き戸にカギを付ければ大丈夫。ホームセンターでも売ってますから、こちらで用意いたしますよ」

なるほど、カギ付き引き戸を閉めれば、いつでも個室が店として区切れる。この方が多様性がある。

加えて専務の提案に納得した理由は、後々のことを考えたからだ。

需要の限られた店舗付き住宅、二世帯住宅は、一般的に売りづらい物件と言われている。吉祥寺にも築年数の経った店舗付き住宅が出ているが、いずこも苦戦している。つい最近まで1DK＋店舗というビルの1階がずっと売れ残っていた。業者に言わせると、「店をつぶして2DKにしないと売れない」そうだ。

結局、この物件もリフォーム工事で店舗部分をサンルームにして、やっと買い手が付いたらしい。

実際のところ、店といってもカフェにするのか、古本屋にするか、あるいは英国の服や雑貨を販売する店になるかは、これからゆっくり詰めていく。

いずれにせよ、店舗に不可欠な広くてきれいなトイレだけは、もともとあった洗面所の窓を活かして奥まった北側に作ることにし、小さな洗面台をその手前に作って、それらをカウンターで隠す、電気ポットでお湯を沸かして好きな時コーヒーを飲むなど、インテリアのイメージはできている。

横長の白いカウンターテーブルは、西荻窪のリサイクル店ですでに見つけていた。イケアのものらしく、高さがあるため脚を切って使おうと考えていた。

この奥にスツールを置いて、伝票整理したり、商品説明のPOPなど書きつつ、お客様を待つ自分。6畳程度の狭い店内だから、トルソーを1体置いて、真ん中にテーブルを置く程度のディスプレイがいいだろう。

もし服を販売するなら、等身大の鏡も置かなくては。

店にはいつもアロマの香りを漂わせ、かすかにケルト音楽を流して、ゆったりとした雰囲気にしたい。

空想の世界にひたっていると、様子をのぞきに立ち寄った娘が、「この辺りはカフェが少ないから、小さなテーブルをふたつ置いて、軽い食事とコーヒーが飲めるお店にしたら」と言う。

「こんな狭いところで大丈夫かしら」

すると彼女は、大丈夫。若い人が集まるカフェじゃなく、お年寄りが暇つぶしに通う店なら、狭い方がいいらしいよと言う。

「ほら、医院の待合室みたいな」

なるほど、それも有りだ。蝶ネクタイを締めた山田君が、話好きなお年寄りにコーヒーを運ぶ姿が浮かび、思わず笑ってしまった。

15　建て売りから古民家の梁あらわる

国の住宅政策も2006年施行の住生活基本法によって、量から質を目指すようになった。そもそも、先進国の中で日本ほど中古住宅に対し、閉鎖的な社会はないと、イギリスに行くたび感じていた。

平成24年度国土交通白書によると、住宅取り引き全体に占める中古住宅の割合は、アメリカでは90・3％、イギリスは85・8％と、国民の大半が当然のごとく持ち家＝中古購入と考えている。それに対し、日本はわずか13・5％と、いぜん新築信仰が根強い。

そう話すと、「日本は木造住宅で石の家とはもちが違う」「高温多湿だから仕方ない」と、反発される。だが、家を手入れする回数は、日本よりイギリスの方が圧倒的に多く、家に対する満足度も高い。中古住宅とは手を加えるほどに価値が上がるものだと誰もが信じている。

たとえば昭和の中古車も手を入れ、改造するほどビンテージだと価値が上がることを考えると、家も建てっぱなし、住みっぱなしでは風雨に晒され老朽化し、廃屋となるだけだ。それを押しとどめるのは、中古住宅からいかに価値を引き出すかという住み手の力量ではないだろうか。

珍しく専務の方から「お知らせしたいことがある」と呼び出され、上司を伴い小さな家に出かけた。小さな家は私の描いた図面に則って、店に設置するトイレ、洗面台の下へと、新たに給排水管を切り回していた。

位置を確認してくださいという専務に、私も上司も「水回りを増やすって意外に簡単なんですね」と拍子抜けした。

敷地15坪という狭小住宅の1階にトイレをもうひとつ追加というプランには、もっと手間がかかるのかと思っていた。

「マンションは難しいですが、戸建てはわけないんです。大げさに言う業者もおりますが、管をつないでご指定の場所に持ってきて、あとは器具を付ければいい。シャワーブースの増設も同じく簡単ですよ」

「お店でなければ、ここにシャワーを加えるだけで賃貸物件にもなるんですね」

上司も興味深く床下の給排水管をのぞき込んでいた。

壁や天井の下地作業も少しずつ進行している様子だった。

すでに納品されたキッチンユニットはシートで覆われ、玄関周りに貼るタイルやクロスのカタログも積み上がっている。専務は上機嫌で、店にもゆったりしたトイレのスペースが取れそうだし、全て順調ですと言った。

「いいですなぁ、わが家はマンションですから、リフォームといっても知れている。いいですなぁ、昔の一軒家は今の建て売りとは全く違う」

いつになくご機嫌である。

「私もここに来ると驚くことばかりですよ」

含みのある専務の口ぶりに、何かあるんですか、と問うた。

するると専務が笑いをこらえながら、実は見せたいものがあるんです、こちらへどうぞと私たちを2階に招くではないか。

「見て驚かないでくださいよ。私もこういうことになるとは予想していませんでしたから」

「壁に穴でも開けたんですか？」

上司の問いかけには答えず、専務は屋根裏部屋を作る予定の和室を目指す。

「見て下さい」

彼が堂々と指差す天井を見る。すると、そこは白川郷か飛騨高山か、はたまたコッツウォルズの歴史的コテージかと言わんばかりの野太い原木の梁が、天井の高みに左右に突き刺さるように露出していた。

すでに天井板は取り払われ、建物の骨格がむき出しになっている。屋根の形に沿った三角形の壁面にも数々の木材、棰《たるき》が規則正しくへばり付いていた。

「うわぁ、すげぇ、何だこりゃ」

「古い家に隠されたお宝ですね」

専務と共に天井を見上げる上司は、まさか古い建て売りから、こんな代物が出てくるなんてと、あっけに取られていた。

取り壊されたかもしれないこの古家を、水平に支える巨大な突っ張り棒――銘木さながらの梁は、骨董品のように黒光りしている。

興奮する私は、これが建て売りなんでしょうか。こんな梁は田舎の古民家でしか使われないものと思ってました。私が家を建てた時もこんな梁にしたくて、材木店に出向いたけどそれは高くて、手が出なかった、というようなことを、上を向いたまま延々喋り続けた。

専務も満足そうに、「今の建て売りじゃ、こんなもん使える大工などいませんよ。この原木を梁にして家を建てるには、経験ある棟梁じゃなきゃね。うちの大工、星もたまげて、この家はやはり真面目な大工が建てたんだと言っていましたよ」と、この家をほめ称える。

ちまたでは古民家のリサイクル市場化が注目されている。建材や工法が工場化される1950年代以前に伝統的な工法で建てた古民家は、長い年月を経て乾燥した古材が新しい木材より強いと評価され、古材として高値で売買される動きが首都圏でも広がっているという。伝統的な家に経済的な価値を見いだし、リフォーム後公共施設にしたり、10万円近い高値がつく梁など、部材を販売したり、市場価値を見直す動きは活発だ。

実は総務省の調査結果でも、東京には1950年以前に建てられた古民家が6万5500軒もあると発表されている。これは長野や群馬よりも多い。東京は欧米人も泣いて喜ぶ古民家集中地域なのだ。そういう意味では、古民家よりずっと新しいものの、年代物の立派な梁がこの家から見つかったことは驚くことではない。

梁をよく見ると、岩手○×木材と、かすれかかった焼印が押されていた。

「岩手から切り出された銘木かなぁ」

ポケットカメラのシャッターを押しながら上司は言う。

白アリや耐震などマイナス面ばかり気にしていた私は、まさかこの手のどんでん返しが初っぱなから起きるとは、思いもしなかった。

「これで屋根裏部屋が出来たら最高ですね。作り付け階段も梁に合わせてこげ茶色のニスを塗りましょう」

カントリーハウスか古民家かといった風情のこの部屋も、1階と同じく店として使えるかもしれない。いや、ひょっとしたらこの家を丸ごとカフェやギャラリーにした方が、もっと面白い仕掛けができる。

「一軒家って面白いですねぇ。マンションだと天井取っても何も出ない」

これから先が楽しみだと上司も興奮している。

古家付き土地。

この雄々しい梁が、捨てられていくものの中から突然現れたことが、大げさなようだが、何かの啓示のようにすら感じ、久しぶりに神聖な気持ちになっていた。

16　客用の寝室を屋根裏に作る

古民家のような梁を見て以来、私はすっかり有頂天になっていた。

上司が撮った写真を社内で改めて見ていると、山田一郎君が目ざとく「見せて下さい」とやってきて、写真を見るなり目を見張った。こういうことであれば、ますます僕も参加させて頂かなくてはと、妙なアピールをする。

「こういうことって、何だよ」と、そばを通りかかった上司に「カフェを始めるのは僕的にも生涯の夢です。今月はハイペースで編集も進んでいるんですから」と山田君。

上司は笑いながら、それなら一度吉祥寺に行ってもいいぞ。但し、現場は冷蔵庫のようだから風邪をひかないようになと、彼の見学を承認した。

翌朝、ワイシャツの上に厚いバルキーセーターを着込み、さらにダウンジャケットでダルマのようにぶくぶく膨らんだ山田君が、小さな家にカメラを持ってやってきた。

「この辺、学生時代にしょっちゅう来てましたよ。近くに希少本を扱う古本屋があって、僕の行きつけだったんです。いい家じゃないですか、大きすぎず、小さすぎず」

彼の思い通りの家だったようで、山田君はとりあえず、玄関を出たり入ったりしながら、この家と付近をくまなくチェックしていた。

専務と私は、天井を抜いた2階に作る屋根裏部屋について話し合った。実際に店を始めると、スタッフが泊まりがけで作業することもあるだろう。家族や友人が泊まり込む可能性もある。そんな時のために屋根裏は、ゲスト用寝室にすべきだと思った。

よそ行きの顔をした山田君の着ぶくれした格好にぎょっとした専務は、「釘とか木片で怪我しないよう、気を付けてくださいよ」と、ウロウロする彼に言った。

「こういう所は慣れているんで」

ポーカーフェイスを崩さず、勝手に写真を撮り続ける彼は、施主のように動じることなく窓からの眺望などを確認している。

専務は3畳ほどの天井桟敷——屋根裏部屋を作ると約束したものの、いざ工事という段になって難色を示していた。

「大工がおっかなくて作業できないと言うんです。屋根裏に部屋を作ろうにも、向こう側は和室の天井じゃないですか。突き板なんでぶかぶかしちゃって人が乗れないんです。乗れるとしたら、廊下の上くらいでしょうか。それを無視して端っこまで歩いていったら、足を踏み外して下に落っこちてしまいます」

彼は何とか私に諦めてもらいたい様子だが、せっかくの芸術的な梁を活かした階段と屋根裏部屋を作ろうと思っていた私は、あきらめがつかない。

「では、廊下の上の部分だけでも小部屋にできないでしょうか」

小さな家の天井を取ったのだ。拡大した空間を最大限活かしたい。ゲストが泊まりに来た時に屋根裏に清潔な寝床があれば、楽しみも広がる。

「うーん……何とかなりますかねぇ。大人がひとり、横になれるくらいのスペースが欲しいんですよねぇ」

専務はハシゴをかけてえーっと、えーっとと言いながら、寸法をあたる。その様子を山田君は、下から一眼レフでバシャバシャ撮影した。考えてみれば、この手の相談は大工の星さんなら朝飯前のようだが、彼は今日も来ていない。

「何とか150センチ×200センチのスペースは確保できるでしょう」

専務がハシゴの上からそう言った。

「それなら僕も寝泊まりできますね」

山田君は満足そうだ。部屋として使うためにも照明やコンセント、収納棚は必ず作って欲しいと確認した。専務はそりゃ、当然ですよと、同意する。今日、他の現場に行ってるけど、星ならわけないですよと、いつもの大工自慢が始まる。

予算を350万円で収めるために、今回も大量に使用するフローリング床材は低価格帯のものから選ぶことで合意した。専務が現場に持参したサンプルを見比べる私は、「薄い色は賃貸マンションの床材のようで安っぽいですね」と、つい口を滑らせた。尋ねてもいないのに山田君も、「これではイメージが違いますねぇ」と、腕組みをする。気の弱い専務は頭をかきながら「それで、あの、2階の和室以外は全部床を貼り直すんですよね」と、確認してきた。「あと、屋根裏部屋もフローリングでしたっけね」。すでにイメージデザインを見せて説明していた上、契約書にも記載されているのに、なぜ今さらこんなことを聞くのか。

ハァーッ、約50平方メートルありますかねぇと、専務は電卓を叩き始めた。予算がキツいのだろうか。

「別に床材は在庫品でもかまいませんよ。ダークブラウンの色味であれば……」

そう言うと、何か思いついたのか専務が顔を上げた。

「ご相談なんですが、ちょうどいいのがあるんです。前にキャンセルくらったレストラン工事で取り寄せた床材がまだ残ってるはずです。確かあれ、ナショナルのこげ茶だったかなあ」

すると山田君が、一応、サンプル見た方がいいですよと、口を挟む。

専務はそりゃ、もちろんお見せしますと言った後、会社に連絡を入れ、「あれ横浜の倉庫に止まったままかい」と、在庫床材の行方を探っている。

私は山田君に、コーヒー買ってきてと言い、席を外してもらった。実際、彼が横にいるだけで、交渉がうまく進まない気がした。立ち上がりの時期は現場で一対一で話すのが私の流儀。腹を割って話さなければ工事はうまく行かない。

しばらく経って、勢いよく山田君が帰ってくると、専務はホッとしたようで「ナショナル、ナショナルを持ってこないと」とブツブツ言いながら帰っていった。

次の日、専務から例の床材は何とか見つかったと報告があった。大工が作業に取りかかれば、床工事は3日間で終わるという。

「星さんなら作業も早そうですしね」

専務は口ごもったように、ええ、まあ、と言って話を打ち切った。

第六章

庶民のリフォームを阻む壁

17　老朽ガス管が眠る街角

一難去ってまた一難。作業工程表によると、新しいキッチンの取り付け工事が始まる予定になっている。全てが順調に進んでいるかと思いきや、またも大変な問題が持ち上がった。

久しぶりに連絡をしてきた専務が怯えたように声を震わせている。

「大変です。工事を中断しなければならなくなりました」

突然のことに二の句が継げなくなった。

「どういうことですか」

「ガス漏れです。実は作業をしていたらガスの検針に来た係員が、『ここ、誰も住んでいないのに、針の振れがおかしい』と、騒ぎ出して、それで調べたら、本当に漏れていたんです。取り急ぎ証拠写真も撮りましたので、現場に来て下さい」

取るものもとりあえず、中央線に飛び乗って吉祥寺に向かった。頭の中は混乱していた。気付かなかった。いったい、どのくらいの期間、漏れていたのか。職人がタバコを吸うなどして、もし引火していたら、小さな家は吹き飛んでいたかもしれない。空き家になっていた期間は長くはなかったのに、よく今まで無事故できたものだ。

専務は建物の裏側からひょっこり出てきて、もう、管がボロボロなんですよと、私の顔を見るなり一気に話し始めた。

「携帯で撮ったんですが、見て下さい」

画面にはフジツボが付着した磯の石を思わせる、でこぼこした老朽ガス管が写っていた。少しの震動でもぽろぽろと砕けそうなこの管を、都市ガスが通っていたとは。

「幸いにも、いわゆる道路側の本管から家のガスメーターまでの距離はそれほどないんです。道路から地中を通って床下のところに出てるんで、工事も手間はかからないでしょう。それにしてもひどいもんです」

専務が言うには、劣化したこのフジツボ管は、家が建った昭和50年代のものらしく、敷地内でガス漏れが起きているとしたら、建物までの二次管だけでなく、道路から敷地内までの一次管も全て直した方がいいという。

「なんとかパックと東京ガスが言っていましたが、何しろそっちが安いそうです。ご予算のある方は劣化したガス管を怖がって、リフォームでオール電化に替えてしまうそうで、それを阻止するためにもお得なパックを出しているみたいです」

費用は20万円前後らしいとのこと。何ということだ。だが、背に腹はかえられない。いつ穴が空くかわからないフジツボ管の上で、お店の夢もないだろう。

腐食が進んだフジツボ管は、通称白ガス管と呼ばれる亜鉛メッキ鋼管で、昭和30年代から50年代に一般的に使われていたものだ。地中に埋設すると腐食しやすく危険なため、今では腐食がなく地震に強いポリエチレン管が使われている。

「工事をすれば事故の心配はないんですね」

「大丈夫です。東京ガスが保証しますから。但し、その間リフォーム工事は中断ですが」

申し訳なさそうに専務はガス管が潜った地面を眺めつつ、「思うにこれは問題ですね。もし、これを売り主さんが知っていたら、あちらの責任ですよ。検針の時にこんなにガス代が高いのかって、普通は気付きますから」と言った。

「でも、古家付き土地ですから、建物の不具合は免責だそうですが……」

「聞くだけ聞いてみたらどうですか」

専務に説得されたわけではないが、この物件を仲介してくれた営業マンにガス漏れが起きていたこと、工事費用の件で売り主さんに相談して欲しいことを連絡した。彼も驚いて、調べてみると答えたので、私は回答を待つことにした。

一方、ガス会社の方は、工事を依頼したものの、順番待ちがかなりいて、早くて半月後との返事。私の家のように劣化によるガス漏れが相次いでいるのか。専務はもっと急いでくれとがなり立てていた。

それにしても、専務に見せられたフジツボ管がそこら中に埋め込まれ、それがガス管として都市のライフラインになっているとしたら、私たちは危険と隣り合わせで生きているようなものだ。

2007年には北海道・北見市で3人が犠牲となる、老朽化したガス管の破断による大規模かつ広範囲なガス漏れ事故が起きた。都市ガス事業は市が運営していたが、財政難のため無毒ガスへの転換も進んでいなかったという。

何ということだろう。毎年、年度末の3月になると、国や自治体があちこちの道路を掘り返し、あらゆるライフラインの工事を行っているが、そのほとんどは交通渋滞を起こす幹線・主要道路で住宅地は静かなものだ。

ところが、東京ガスの管轄だけでも23区で32万本の老朽管が埋設されているという。この10年ほどで約8万本が取り替えられたものの、工事完了には2020年までかかるという。あと10年近い工事の最中、爆発事故が起きないとも限らない。

話題のオール電化システムを導入し、リフォームをすると、その費用は60万円〜140万円ほどかかるといわれる。給湯器ひとつとっても、20万円前後で済むガス給湯器に対して、エコキュートは50万円〜95万円と割高になっている。オール電化住宅を選ぶということは、火事やヤケドに対する不安軽減策でもある。

だが、住宅ばかりか生きていくのに必要な水道やガス管までもが、個人の経済状況で危険だったり、安全だったりしていいものだろうか。お金のない人は耐震工事ができない建物に暮らし、劣化したガス管が埋まった土地の上に眠るということに、強い憤りを感じた。

小さな家の工事は中断されたまま、吉祥寺の街では早春を告げる梅も散り始めた。

気をもみながら待ち続け、2週間後、ガス管工事は無事に終了した。

仲介業者からは売り主さんが払うべき費用ではないから、そちらの負担になると回答が来た。具体的な責任の所在もわからずで、あれこれ聞いてみたかったが、いかんせん時間がなかった。今後、古家付き土地、もしくは中古戸建てを購入する人に、ガスメーターのチェックだけは怠らないようアドバイスするしかない。

前面道路には掘り起こした跡があり、専務は再び携帯電話で撮った工事中の写真を見せながら、「危機一髪でしたね。リフォームをしなければわからなかった欠陥ですよ」と言った。

降って湧いたような災難だったが、大事に至らなくてなによりだったと思うほかない。ともあれ、ストップしていた工事は再開され、業者によってあっという間にキッチンは取り付けられた。現場には洗面台や新たなフローリング材が入った段ボール箱が運び込まれる。星大工は黙々と丁寧に寸法を当たっては、室内ドアが付けられるよう、ドア枠を取り付けていた。

18　平均1000万円、誰がための高額リフォームか

ガス漏れ騒動など、煩わしい問題が発生し、考えさせられることも多いが、中古リフォームの良さは、何と言っても安い価格であることは間違いない。

新築に比べると中古マンションの場合、3割から4割は安いといわれ、首都圏では70平方メートルの中古マンションは、新築より平均1800万円安い。トータルとしての住宅取得費用は、中古＋リフォームがだんぜん負担も少ない。

偶然、立ち寄った築20年の中古マンションでのオープンルームで、営業マンがとうとうと私に述べた。

「つまりですよ、新築との差額費用をリフォーム代に注ぎ込めば、高額なローンを背負うことなく、薄っぺらい新築よりもっと立派な内装と設備が搭載された、グレードの高いマイホームを手に入れることができるんですよ」

4LDK、80平方メートル超の広々とした室内は、売り主によってモダン建築の粋を結集したデザインに仕上がっていた。大理石の床、ホームシアターとなった6畳和室は、防音工事が施されている。キッチンは流行のアイランドタイプ。全ての設備はイタリアや北欧などヨーロッパから取り寄せ、作り付けダイニングテーブルは木曾檜作りの重厚感に満ちている。

「築浅の時、ここを購入された会社役員さんご一家がお住まいだったんですよ。あちらでの生活が長かったようで、リフォームに2000万近くかけたらしいです」

「そんな大金を注ぎ込んだのに、なぜ、この家を売るんでしょうか」

単純にこれだけ手をかけたのなら、さぞや愛着も深いはずと、引っ越すわけを知りたくなった。

「それが、この近くに一戸建てをご新築されることになりまして、単純にお住み替えなんです」

これだけ性能を上げたのに、老夫婦は大きな庭付き一戸建てに移るという。人ごとながら、ずいぶんもったいない気がする。

内見に入ってくる人たちは、「わーっ、すごい」「映画に出てくる家みたい」と、目を見張り、珍しがりはするものの、営業マンの勧めるアンケートに記入することもなく、そそくさと帰っていく。

中には、こんな大層な家より普通のマンションの方がいいという人もいた。

私が、これだけ手入れしてあって5000万が高いか、安いかわかりませんねというと、「実際、豪華とはいえ、こんなに個性が強いと、お客様の好みが分かれるんです」と、営業マンもポロリと本音を漏らす。

苦戦しているのだ。

考えてみたら、いかに中古物件が新築より安いとはいえ、その差額をそのままリフォーム代に充てる考えが一般的とは思えない。日本の場合、予算が届かない、住まいにお金をかけられないなどの懐事情から、中古物件で手を打つ人が圧倒的に多いのだ。よって、リフォームも床や壁紙の貼り替え、トイレ、キッチン交換など、賃貸レベルの改装にまだまだ軍配が上がる。

安普請は困るが、家はできるだけ安い方がいい、というのが私の持論だ。200万円で作り替えた吉祥寺の老朽マンションの写真や映像がメディアによって紹介されるたび、大きな反響が編集部に届くのも、家は高いもの、自分は一生かかっても買えないと諦めていた人達が、リフォームによって自分も満足できるマイホームが持てるかもしれないと、夢を募らせたからだろう。

だとすれば、「新築が買えないから中古を買う」のではなく、「住みたかった家を少ない費用で造り出す」というヨーロッパ型の考えに、これからは更に共感が集まる気がする。

財団法人住宅リフォーム・紛争処理支援センター（平成24年からは公益財団法人）からは、「住まいのリフォームコンクール」審査員の依頼が来た。知らなかったが、26年間続いているコンクールのようで、「いいものを造ってきちんと手入れして、大切に使う」という考えを広めるためリフォーム作品を広く一般から募っていると聞いた。

だが、説明に来られた方々から見せられた前年の入賞作品は、私の想像とは全く違うものだった。

国土交通大臣賞の作品の総工事費が3800万円。鉄骨系プレハブのアパートを直したという。続いて住宅金融支援機構理事長賞を受賞した木造一戸建ては2499万円。住宅リフォーム・紛争処理支援センター理事長賞も木造一戸建て、2150万円のリフォーム工事に与えられていた。

「全般的に高額な工事費のものが入賞していますね。応募者の平均工事費が1000万円以上となれば、庶民感覚からはかなりズレるのではないでしょうか」

打ち合わせに来られた関係者の方を前に、お金をかけず夢の家を作ることをモットーにしてきた私は、適任ではない気がするというようなことを言った。同席していた上司も大きくうなずいて、この価格なら新築の家が建つのに、これではリフォームの意味がないのでは、というようなことを言った。

すると、そういう意見も大切だから、審査する中でぜひ思ったことを言って下さいと言われ、これもいい勉強になるかもしれないと、審査員を引き受けた。

お茶を下げに来た山田君は、机に広げられていた受賞作品の写真と価格を見て、「ほぉ」と手を止めた。

「ちらっと聞こえたんですが、ここの仕事をお手伝いするんですか」

「まぁ、そんなとこだが、今日は締切り日なんだから、いちいち説明している時間はない。机の上をきれいに拭いとけよ」と、少々イラ立った上司が書類を片づけると、「あの家も応募するんですか」と、さらに口を挟んできた。

「まさか」

私がそういうと、もったいないなぁ、小さな一戸建てなら前の老朽マンション以上に夢を持つ人が大勢いると思うのにと、言った。このコンクールは性能を審査するんだよと上司が言うと、山田君は毅然として返した。

「性能より現実が大事です。僕たちが役人の役人による、業者と役人のための家づくりに歯止めをかけなければ」

なるほど、確かにそれも一理あると初心に戻った。

その夜、帰宅途中に現場をのぞいた私は、1週間前から全く工事が進んでいないことに驚いた。相変わらず段ボールの山となっている現場は、人の気配がない。翌日も、その次の日も、昼間、山田君と交代でのぞきに行くが、誰もいない。

星さんはどうしたんですかと、専務ならびにA工務店に問い合わせるも、現場に出ていてよくわからないと言われた。

差し入れた缶コーヒーもそのまま階段に置き去りになっていた。

19　エコポイントで性能向上より、倒壊寸前家屋を救え

風邪をひいた星大工の代わりに、当分ヨドバシさんという大工が入りますと、専務からFAXが流れてきた。すでに中間金の支払いも終え、確かに確認いたしましたと、ワープロで打ってある。だが、大工も代わり、工事を進める人数も当初はふたりと言っていたのに、大丈夫だろうか。

来客がたて込み、なかなか仕事を抜け出して現場に行けない。どうやって時間をやりくりすべきか思案していたところ、上司が新聞の切り抜きを持ってやってきた。

「住宅のエコポイントが今日から始まるそうで、申請すれば最高で工事費のうち30万円が戻るらしいです。専務に聞いてみたらどうですか」

30万円が戻るのならと、記事を読んでみたが、いまひとつよくわからない。知り合いの不動産業者に尋ねると、「住宅のエコポイントは家の断熱性能を上げようというところから始まっているから、あの家だと内窓を付けるとか、窓ガラスをペアガラスにするとか、そういうプランでもあれば申請してもいいんじゃないかな」という。窓をどうこうするなどは今回のプランには入っていない。すきま風の問題より、いかに行き違い無く工事を成し遂げるか、現実はそちらに傾いている。

地獄耳の山田君は私たちの会話から気を利かせ、住宅アドバイザーの平生氏に尋ねて

くれたようで、焦り口調で進言してきた。

「住宅エコポイント用に用意された1000億円の国家予算は、早い者順ですから、ぐずぐずしてるとなくなっちゃって、打ち止めになるらしいですよ」と、わが事のように早期の申請をと急き立ててきた。

日本の家がリフォームへと急速に動き始めている。けれど、そこに違和感を感じるのはなぜだろう。キャッシュバックシステムのようなエコポイントは台所、浴室、トイレなどの追加工事や、百貨店の商品券、旅行券などに交換できるという。

久々の打ち合わせの折、専務に尋ねてみると、30万円戻すためには工事代そのものもつり上がるという。

「それだけのご予算があれば皆さん、お風呂やトイレを直したり、キッチンを交換したりされますよ。屋上緑化、太陽光発電は高いですし、屋根の太陽電池だって、だいたい300万円はかかる。それにお金を使ったら、他は何もできない。おしまいなんです」

「確かに、300万円はほぼ、私のリフォーム予算ですものね」

そう考えると、自分には関係ない絵空事のように思えた。

「エコっていうのなら、シャワーをやめて溜め湯に入るとかすればいい。私は貧乏性なんで、そんなことを考えるんです。エコポイントで商品券配るより、耐震工事の費用を国が持って、人並みの生活ができる家を増やして欲しいと」

専務はいつになく思い詰めた表情で言った。

考えてみれば、住宅の性能を向上させようと考える人は家を所有する人だ。だが、住宅所有者の中には、1981年以前の旧耐震基準で建てられた築30年以上の中古マンションに住む人もいる。

修繕や建て替えの法整備が進まない日本で建て替えとなれば、老朽マンション暮らしの住人が資金の持ち出しを迫られるのは必至だ。

2008年時点で東京都内に約5万戸あった築40年以上の老朽マンションは、10年後に5倍近い24万戸に膨らむといわれる。住民の高齢化や資金力不足は如実に建物の劣化に現れる。

このような矛盾は世界的な傾向で、金持ちは車でも家でもニューモデルを買い、エコにつなげる。たとえばアメリカではかつてガソリンを食う大型車が主流だった。ガソリンは今より安かったため、人々はキャデラックなど大型アメ車を維持できたが、今は燃料も値上がりし、省エネのコンパクトなハイブリッドカーに買い換えている。

ところが、新車を購入できない低所得者は、大量に残った安価な大型中古車を購入するも、ガソリン代は高い上、燃費も悪いとあって、家計は苦しくなる一方だ。

格差が生み出す不条理は住宅にも見られる。経済力のある人々は住まいにソーラーパネルなど最新設備を加え、電気代を節約するも、そうでない人達は窓にテープを貼るなどして、すきま風を防ぎ、エアコンや電気ストーブでしのごうとする。

日本の「エコポイント」は環境対策より、新型モデルの家電、車、ソーラーパネルなど、新製品の販売促進に一役かう「エコノミーポイント」だと言ったイギリス人がいた。笑えない話だ。

老朽戸建てをよみがえらせつつ、この格差や矛盾にどう斬り込めばいいのか考えた。ロンドン東部の移民が多く暮らすエリアに民間の財団と自治体が、儲かる共同住宅を作り出したことを思い出した。ユニークな解決策の一例だ。

運河沿いに建てられた総レンガの近代的な建物は、貧民街を一掃する日本のブランドマンション以上のトレンディな建物だった。その半分を、低所得者層の賃貸住宅にして、家賃は日本円で月わずか3万7800円と公団並みの設定にした。残りの半分は営利目的の分譲住宅だが、1住戸4000万円台からと相場よりかなり安め。

どちらの住人も共有広場で顔を合わせるレイアウトにして、ひとつの物件に異なる階級の人々が共存して住むことで、互いに刺激し合うという人間らしい住まいを目指した。低所得者は購入組を見習い、家をきれいにしながら住もうとする。一方、購入組は住宅価格の高さで世界有数のロンドン中心部に、設備の整った家がリーズナブルな価格で持てる。

建物の一角にはテラスから川が望めるオーガニックカフェもあり、ここは刑務所に服役していた元囚人が料理を作る訓練の場にもなっていた。

このような住宅政策で貧困層を引き上げる発想は、すでにイギリスのトレンドになっている。財団も「支援」ではなく「投資」が目的とあって、将来の値上がりが見込める物件を作り、必ず「利益を生む」と自信を持っていた。

イギリス人のしぶとさというか、マイナスからプラスを捻り出す住宅絡みの発想力には、いつも感心する。

家づくりにかかる消費税が還付される制度もそのひとつ。

工事を自分で行っても、業者に頼んでも、10年間、人が住んでいないビル、教会、工場、水車など、使える建物を居住用にリフォームした場合、日本の消費税にあたる付加価値税（ＶＡＴ）が還付される。日本より高い消費税率20％（２０１１年1月時点）のイギリスで、リフォーム費用がタックスフリーとは大きなメリットだ。

イギリス人にとって住宅とは、社会生活の出発点だ。こんなメリットによって慢性的なイギリスの住宅不足も解消され、一石二鳥となる。私がイギリスに定住したなら、廃屋ビルや工場跡を探し回り、一大スペクタクル・劇的リフォームに取り組んで、夢のある住まいをどんどん作るだろう。

　話は逸れたが、資金力のある人の住宅性能向上より、ひとり暮らしの高齢者や低所得者層の古い家を安全なレベルに引き上げなくては、皆が豊かな社会を実感することは難しいと思える。エコ対策より、万が一、大地震が起きても、家屋の下敷きになり命を落とす人を出さない工事が、地震国日本では急務ということは災害のたび思い知らされる。

　貧困と中流、格差にかかわらず安全な住まいという大前提を作る制度がなければ、ボランティアや寄付文化が乏しい日本では、エコ住宅と老朽物件という住まいの二極化が進むばかりではないか。お金のある人はCO_2削減のご褒美をもらい、貧乏人は体を張って危険な家屋に住めと言わんばかりの政策でいいものか。


　同じ頃、国土交通省住宅局の方から今後の住宅市場動向について、ヒアリングしたいという連絡が入った。趣旨がよく飲み込めなかったが、とりあえず編集部にお越し頂いた。

　応接間で手帳を広げて神妙な顔をされた年配の男性ふたりに、この不景気で新築住宅が全く売れない。どうすればいいのか、いろいろな方に参考意見を聞いている、と告げられた。すでに著書『老朽マンションの奇跡』も読まれ、本に描かれたガラクタ物件改造劇になぜ人々の関心が集まるのか、興味を持たれた様子だった。

あれこれ考えていた私は緊張しつつも、「新築を建てられる財力のある人は激減しました。皆さんがリフォームに関心を示すのは、安くて満足できる家を手にするためです。ところがどこに依頼すればいいか分からない、価格も業者によって千差万別、基準もわからない。そこを解消して欲しいと思っています」と話した。

両氏は「ふむふむ」と、言いつつ、さらさらメモを取っている。

「一般の人がもっと工事を頼みやすいように、リフォーム工事をパッケージングして、基準価格、工期を公表するべきです。加えて公的な検査済み証を発行して、優良中古の基準を作れば買う人も安心。そうすれば、車検と同じくリフォームや定期点検が住宅所有者のメリットになるのではと思います」

ペンを走らせる音がさらさらと聞こえる。

「その上で国の政策としては、日本の老朽公団をリフォームして、モデルルームにするのはどうでしょう。そこを国際リフォーム見本市会場にして、中国の要人を招き、日本の匠の技と耐震技術をパッケージングして売り込むんですよ。そうすれば、老朽公団の再生もできるし、外貨が獲得できます」

なるほどと、おふたりは腕組みしてうなずいておられた。もしかしたら、このような案はとっくに気付いていることかもしれない。もしかしたら、今日、私に会いに来たことですら、おふたりの意志ではなく、上層部に言われてのことかもしれない。

　それでも中国内陸部の西安、ウルムチなど大都市の古くて危うそうな学校、病院、ホテル、商業施設を見てきた私は、そのたびに日本の古ぼけた公団を思いだし、両者のビジネスに接点がないか考えてきた。

「再生するのにコストがかかるんですよ。たぶん、建て直すより高くつくんです」

　と、片方の男性が困った顔をした。手っ取り早く新築住宅を売るヒントを聞き出したかったのか。面倒くさいと思われることを承知で、私はさらに提案した。

「ご存じのように中国には老朽物件が数限りなくあるんです。四川省の地震でも実証されたように、そのほとんどは耐震構造を無視した危険な造りです。市場規模を考えると、日本の老朽化した公団を甦らせるコストにプレゼンテーション費用を計上しても、必ずペイしますよ。見本市の後はリーズナブルな価格で若年層に払い下げるんです。ロハス志向の公団大好きなニューファミリーが喜んで購入すると思います」

「はぁ、お若い方は公団が大好きなんですか」

　手を止めてふたりは驚いた顔をした。

「彼らが求めるのはグレード感ある新築マンションではないようです。今の若いナチュラル志向の女性は、古い公団を『かわいい！』と絶賛します。庭は広いし、レトロ感たっぷりの昭和の佇まいですし」

はぁ、そういうものなんですか、それは知らなかったとさらに身を乗り出した。

私は場が盛り上がったところで、日本のリフォーム技術を輸出すれば、絶対に外貨獲得につながります。いちゃもんを付けられ、利権の争いもあるでしょうが、中国の老朽ビルこそ宝の山ですと力説した。


この日に限らず、小さな家のリフォームを始めてからというもの、いろいろな出来事が身の回りに起きる。これまで考えたことはたくさんあるから、発言の場ができることはありがたい。けれど、どれほど書いても、喋ってみても、根っこの部分では、何も変わらない気がするのはなぜだろう。

そんな思いをホームページに書いたところ、翌日、私宛にそのエッセイを読んだリフォームコンクール関係者からメールが届いた。審査員の依頼だった。

内容は、久しぶりにホームページを拝見したら、当方のコンクールを取り上げて下さっていたので、というお礼だった。

「あの人たち、しょっちゅうこちらのホームページをチェックしてるみたいですね」と、上司が言った。確かに、と思ったが、審査員になって庶民的なリフォームに肩入れしたい気持ちの方が強かったので、深く考えず仕事を受けた。

都内で開かれたリフォームコンクールの初会合でも財団関係者や専門家との話し合い

で、「もっとコストの安いリフォームに大きな賞を与えなければ、このコンクールは注目されないし、中古のメリットも伝わらない」と言った。場内には困惑気味の人もいた。正直、何でも発言してくださいと言われたものの、200万円、300万円と、庶民的価格のリフォームを前提にした私の考えはすれ違っている気がした。

この違和感は何だろう。

国交省の方々の訪問を受けた時から、私は、ますます幸せな住まいは、莫大な借金の果てに手に入れるものではないという考えを強めていた。そんなことを書いたエッセイを発表したところ、ふたたびコンクール関係者からメールが届いた。国交省の何という部署の人に、どんな話をしたのか、よければ教えて欲しいという。

いつも言動をチェックされているような気がした。たわいのない話なので、伝えるに及ばずといったメールを上司から返してもらったが、役所の世界もいろいろな事情があるのだろうか。住宅産業に関わるということは、「変えるもの」と「守るべきもの」の選択でもあるようだ。

ともあれ、家余り、中古住宅のダブつく日本で、多大な負担を背負わず、誰もが家を持つことは無理な話ではない。家を何とかすることは、社会のシステムを編み直すことだと思うからだ。

第七章

自転車操業工務店の届かぬ悲鳴

20 応援大工、登場

気が付けば3月も半ばになっていた。もうすぐ井の頭公園の池周辺を中心に、約500本もの桜が開花する。吉祥寺がもっともにぎわい、情報誌を片手にあちこちの店に人が並び、不動産も動く季節が始まる。特に桜が見られる井の頭公園は、ＪＲ中央線沿線の名所の中でも駅から近いとあって50万人以上もの人が押し寄せる。一方、地元に住む人は絵物語のように幻想的な、武蔵野市役所前の夜桜を散歩がてら楽しむなど、自宅近くの花見スポットに散っていく。

引き渡しまであと半月というのに、工事は相変わらずカメの歩みのようで、本当に工事が完了するのかという不安が持ち上がる。

リフォームの工事に遅延は付き物だ。思えば、過去7回のリフォーム工事のうち、予定通りに終了したのはひとつだけ。中古マンションのフローリングと壁の貼り替えのみというお化粧直しだったせいか。逆に2DKの中古マンションを「住みながら大改造」した時は40平方メートルにもかかわらず半年もかかり、その間ガレキの中での生活を強いられた。片方の部屋からもうひとつの部屋へ、服や家具を移動して毎日大変な思いをした記憶がよみがえる。じりじりする焦燥感だ。

小さな家の工事も当初もらった予定表は目安でしかなくなった。その原因をガス漏れで間が空いたためだと専務は言うが、現場に足を運ぶと、いつもヨドバシさんという老齢の大工さんがひとりでラジオをBGMにコツコツ作業している。一向に増員もなく、スピードアップされる気配もない。毎回進化する老朽戸建てを楽しみにやって来るのに、相変わらず現場は雑然としておうちショップの片鱗も見えない。

「専務や星さんはいったいどこに行ったんでしょうかね」

ときどき私に同行してくれる上司も、不審な面もちだ。本来であれば床・壁・天井の下地作業は終了しているはずなのに、まだ石膏ボードを打ち付けている。

「あれ、ここに壁を作ったらカウンターが置けなくなってしまいますよ。場所が違います」

店舗に付ける予定の小さな洗面台を覆い隠すような壁を見て、ヨドバシさんに言った。あれ、そうでしたか。弱ったなぁ、もう材料がないなぁと、ひとりごとを言う。フローリングを貼るはずのトイレも、クッションフロア仕上げと書かれ放置してある。何度も念を押した下駄箱を作る件も聞いていないという。

外構を確認していた上司が、表に私を呼んだ。

「ブロック塀が切断されて取り払われているのはいいんですが、土間打ちもしてない庭にウッドデッキが半分施工されてますよ」

「ええっ」と、表に飛び出すと、私が渡したデザインとはおよそ別物の狭いデッキが付いていた。

それは、階段幅が狭く店の出入り口としては使えないデザインで、何本かの鉄骨の上にウッドデッキを乗せた不安定なもの。仮止めとはいえ、デッキがグラグラしていた。大手Gシャッターが施工したはずなのに。

店舗の入り口になる広いウッドデッキは、オーニングで覆って鉢植えのハーブや商品を並べて、最大の見せ場にするつもりだった。それを知っているはずなのに、縁側まがいの狭いデッキを付け足してお茶を濁そうとしている。

どういうことかと、上司がA工務店に電話を入れたが、留守電。

「あちこち行き違いが発生しているようなので、大至急修正するよう専務に伝えてもらえますか」

伝言を吹き込むも不安がつのる。

本来であれば、今日は2階の和室と納戸の壁に穴を開ける日であった。4・5畳、3畳と各部屋が狭いため、壁をぶち抜き引き戸にすれば、個室になり、オープンスペースにもなり、エアコンも1台ですむ。写真を撮っておいた方がいいだろうと、わざわざ山田君も連れてきた。だが、この有り様だ。専務の携帯もつながらないまま。

「あのぉ、ヨドバシさんが、早くこの現場を上がりたいって、僕に言ってきましたよ」

2階の奥まった場所で本人に聞こえないよう、山田君が教えてくれた。

「どうして」

「あの人、突然どこかから連れてこられたみたいですよ」

上司がどういうことだと割って入った。

「よく分かりませんが、めったにA工務店の人は来ないとか。いつもひとりだそうですよ」

私が何か言う前に上司は下に降りていき、店舗用の部屋にできた作業台――仕込み場で電ノコを使うヨドバシさんに、ちょっといいですかと声をかけた。

「ここに他の大工さんは来てないんですか」

その表情が険しかったので、ヨドバシさんは一瞬身構え、そんなこと、おらに言われてもと口ごもりつつも電ノコのスイッチを切り、こっちもわからないんですよと言った。

「最初は人手が足りないから2週間だけ手伝ってくれといわれた。ところが来てみれば大工はおらひとり。ずーっと大工やってきたけど、こんな現場初めてだよ。解体からこっち、A工務店の社員はほとんど来ねぇ」

彼が言うには、たまの打ち合わせも、星さんと専務は話が終わるとどこかに行ってしまうらしい。

「そもそも、私は応援で来ただけなんですよ」

iPhoneをいじっていた山田君が「アルバイトなんですか」と、ヨドバシさんに聞いた。上司は余計なことを言うなとたしなめる。

責任施工と聞いていたのに、ひょっとしたらA工務店はヨドバシさんに仕事を丸投げしているのではないか。彼はいわゆる応援大工で、決算を控えた3月、あちこちで工事が集中するため、不足する大工を補うための助っ人に違いない。

業者は営業成績を上向きにするため、この時期までに完成引き渡しまで持っていこうとする。まして、中古リフォームはブームになっている。

応援大工にまつわる話は最近、よく耳にする。

以前、不動産業者が集うある会合で、突貫工事に不可欠な応援大工を使う業者はろくな仕事をしないと聞いた。施主の指示も届かず、やり直しも増える。現場のチェックが甘ければ作業も雑になり、結果的に欠陥住宅を生み出す温床になる、と。

「どうしようか」

裏切られたようで不安が渦巻く。とにかく今日はヨドバシさんに2階の壁をぶち抜かせて、専務には作業を急ぐよう再度交渉しましょうと、上司は言った。

午後、車で弁当を食べて昼休憩を取ったヨドバシさんが戻ったところに、会社の留守電を聞いた専務がペコペコしながらやって来た。

「後で話がありますが、今は至急、2階の壁を取っ払って下さい」

苛立ちを抑えるように私が言うと、そりゃ、もう今日はちゃんと用意してきましたからと、手に持ったバールを私に見せた。これを大工に渡したら私は次の現場に行きますという。

冗談じゃない。ちょっと待って下さいと専務にかみついた。

「今日は最後までいてもらいますよ。工事も大幅に遅れている上、頼んでもいない壁や、ぐらついているウッドデッキを撤去してもらわなくては。第一、誰も現場を見ていない。これでは困ります」

私の剣幕に専務は顔色を変え、ご意見は後ほど伺いますと、ヨドバシさんを伴い2階に駆け上がる。

帰すものかと立ちはだかる上司の前で専務は呼吸を整えるよう深く息を吸い込むと、和室と納戸を仕切っていた壁にドリルで開けた切れ目めがけてバールをかまし、全力で引っぱった。バリッ、さらに、力いっぱいバールを引き抜く。メリメリメリ……グワシャッ。まるで奥歯を抜歯する時のような不快な音。あの小さな体のどこにこんな力が潜んでいるのか。おののくほど専務は慣れた手つきで、真っさらだった壁に亀裂を入れ、引きはがした。

白いホコリが舞い、その横でヨドバシさんが大きな釘抜きを何度も振り上げ、同じように木片を引きはがしていく。

「壮観だなぁ、すごいなぁ」

それまでファインダーをのぞいていた山田君がカメラを上司に預けると、僕も手伝っていいですかと、有無を言わさずホコリの中に入っていった。

「危ねぇよ」

大人しそうに見えたヨドバシ大工が怒鳴った。一瞬、ひるんだかのように見えた山田君だが、転がっていたバールを拾うと、再びホコリの中に飛び込んでいった。

メリメリメリーッ、ギシギシギシッ、バリリリーッ。真っ赤な顔で引っかかった壁を剝がそうと渾身の力を込めている。その手前からヨドバシさんが足で壁を蹴って、壁のひとかたまりが割けて落ちた。振り向いた彼の真剣な目つきにハッとした。

「今日は3畳の納戸の床も剝がすんですよね」と、山田君は作業をしたくてたまらないといった感じだった。


山田君はバールを持つなり、明らかに人が変わった。その機敏な動きに安心したのか、「ちょっと車を見てきます」と専務が表に飛びだして行った。それを見た上司が慌てて後を追う。

「落ち着かない人だなぁ」とヨドバシさんはあきれている。

そんな周囲の動きなど眼中にない山田君は、今度はヨドバシさんと共に床を剝がし始めた。壁を叩き壊す以上に力が要るのは、古い床材の上に、重ねるようにフローリングを貼っていたせいだ。

山田君は見よう見まねでその辺の大きな釘抜きで床板を捕らえると、てこの原理でメリッ、メリッと剝ぎ取っていく。ヨドバシさんが勘がいいと褒めると、ますます張り切って引き剝がす。すっかりコツを摑んだようだ。

あれよあれよという間に部屋のほとんどの床材が剝がされ、ついに家のあばら骨が床下に現れた。たいしたもんだと、ヨドバシさんは片づけをしながら山田君を褒める。

「こういうことは嫌いじゃないんで、毎日でも大丈夫ですよ」

髪の毛が真っ白になった彼は、編集部では味わうことのできない達成感に酔いしれているようだった。デスクワークは結果が見えにくいのか。パソコンや電話に向かって黙々と仕事を続けるうちに、エネルギーが磨り減っていたのか。

それは私も同じことだ。

工事現場に足繁く通う理由は、単に専務が心もとないからではなく、工事特有の臨場感に満たされたいからだ。だが、そんな私たちの純粋な気持ちを工務店に利用されても困る。

上司に連れられるように戻ってきた専務を見て怒りがよみがえる。

「いろいろご心配かけてすみません。私どもも工事が重なりまして、てんてこまいで」

専務が低姿勢でこちらの様子をうかがってきた。私は肝心な一点を確認する。

「行き違いの部分は責任持ってやり直してくれますよね」

するとホコリだらけの作業服を着た専務は、白い髪をかき上げて、ええ、もちろんですと繰り返した。

「店舗工事がキャンセルされてヒマになったと思っていたら、リフォーム工事がどんどん入ってきまして、人手不足になったものですから、従業員どころか私まで駆り出されてまして」

「繁盛してるなら、大工さん雇えばいいじゃないですか」と、上司。

「そうなんです。思い切ってもうひとり大工を採用しようとしているんですが、50代後半の中堅クラスでも、最低月額保証で40万円出さないと来てくれないらしくて」

「ええっ、そんなに出すんですか」

「そうじゃないと来ないですよ。大工は1日2万円ですから、20日働いたら40万でしょ。25日現場やってもらったら、50万はかかるので」

だからといって、外国人を雇うつもりもなく、人手不足をカバーするため自分が走り回っているという。だから専務は、知り合いで腕のいいヨドバシさんを口説き落として、ここに連れてきたのだという。

「工事は間違いなく期日までに終わらせますし、私もしょっちゅう立ち寄るようにしますので、ご安心下さい」

専務がいつも以上に低姿勢で謝罪するので、これ以上何も言えなくなった。

一方の山田君は、同じ歳の息子がいるというヨドバシさんと携帯番号を交換するなど、すっかり馴染んでいた。

21　変わりゆく吉祥寺

駅まで歩く道すがら、馴染みの伊勢丹の前がいつになく騒々しいことに気付いた。

「ここ、閉店になるんですよ。地元に住む自分としては、何だかしんみりきますね」

上司が淋しそうに閉店セールに沸く伊勢丹を前に言った。38年続いた伊勢丹は旗艦《きかん》店として、吉祥寺の商業を引っ張ってきただけに、大切なものを取り上げられた感じで心に穴があいたようだ。

「この不景気に家賃を値上げされたからなのよ」と、商店街のおばちゃんがウワサ話を教えてくれた。

「だいたいさ、１００年以上も小売りやってるところと、駅作ったついでにデパートやりましょっていう電鉄系じゃランクが違うのよ。同じ商品でも伊勢丹、三越、高島屋の包装紙にくるまってるものの方が、良く見えるんだから」

もっぱら住人の間では、伊勢丹跡に何が入るのかが話題の中心となっていた。それは期待というより、「この街はどうなっていくのだろうか」という、危機感にも似ていた。H&Mなどのファストファッションの名が挙がったり、コジマなど家電量販店の噂だったり。商店街の中心軸がなくなり、40年余にわたり地元に愛された吉祥寺の顔——駅ビル「吉祥寺ロンロン」も耐震工事に伴うリニューアルのためもうすぐ閉店するとあって、どことなく落ち着かない。

画材や手芸品の殿堂ユザワヤも改築にともない、公園口の丸井に一時移転。その丸井もファッションから書店、サロンが混在する雑居ビルと化した今、古き良き吉祥寺の象徴、「吉祥寺ロンロン」への執着は日に日に強くなった。100円ちょっとで煮付けに使える魚の切り落としを提供してきた鮮魚店など、生鮮店がなくなると思うとさびしさと同時にやりきれなさがこみあげてくる。

新しいものへの期待よりも、八百屋、肉屋、魚屋といった生鮮3店がどうなるのか。特に「思い出」という若者にはない価値観にこだわる中高年世代は、気が気ではない様子だった。

9月に元ロンロンに全面リニューアルオープンするという「アトレ吉祥寺」を運営する株式会社アトレには、武蔵野市民から「ロンロンを残して」「八百屋さんの仕事はどうなるんだ」など、陳情、抗議の電話が相次いでいるという。

たかが生鮮店と思われるだろうが、吉祥寺で打ち合わせやインタビューを行った後、疲れ果てた頭にも声高な呼び込みはしっかり届いた。

淋しくなって街を歩けば、吸い寄せられるように、駅ビルロンロンに向かった。

「いらっしゃいませー、いらっしゃい、いらっしゃいませー、いらっしゃい」

その声に、昨日まであったものが今日もある、住みたい街No.1のブランドにおごることなく、誰が見ているでもないのに、寸暇を惜しまず野菜を並べ、魚をさばき、真面目に働く人がいる、自分も頑張ろうと思えた。

ヨドバシ大工や職人にも通じる生真面目さ。一日中声を張り上げて疲れないのか。いや、働くとはこういうことだと教えられた。

社会的地位こそないかもしれないが、ただ、声を張り上げ、野菜を売っている人や市場の活気に、こういう人が社会を支えているのだと気付かされた。

大手志向でエントリーおたくとなった新卒の就活と対照的な労働者であるロンロンや商店街で働く人の立ち居振る舞い、声。こういう人達こそ、吉祥寺の資産なのだ。

街は生きている。いつまでも変わらないでほしいと思っても、百貨店の撤退一つで訪れる人の顔ぶれはガラリと変わる。

いつ終わるともわからない工事に立ち会うことで、日中も吉祥寺で過ごす時間が増えた私は、この街が少しずつだが微妙に変わり始めたことを、朝に夕にと肌で感じていた。

平日の商店街を行き来していると、子どもの頃過ごした長崎の家の周りの光景が蘇ってくる。

祖父は祭りが大好きで、私はいろんな所へ連れて行ってもらった。春はハタ（凧）揚げ、夏は精霊船の盆祭り、秋はくんちの祭りを楽しんでいた。私は吉祥寺の七福神を思わせる、唐寺（中国の寺）も含めて2社14寺が並ぶ「寺町通り」も近い商店街のそばで暮らしていた。

家の前には古い木造の家が川沿いに建ち並び、川端にあるためか、私たちが「かわばた屋」と呼ぶ「かき氷屋」があった。夏になると祖父に命じられ、ボウルを持ってかき氷を買いに行った。そこで、大柄なおばちゃんに氷の塊をガリガリ削ってもらい、山程かき氷を貰って帰ると、それに練乳やみつをかけて、店で働くお姉さんたちと一緒に、鍋やヤカンに囲まれ店内の隅で食べた。

毎日のように、祖父がレジからくれる10円玉を手に通った「しおや」という店は木造民家で、気むずかしいおばさんが座っていた。冷え冷えとした土間で駄菓子やビー玉、カードなど10円で買えるものを30分迷って買う私に「早くして」とおばさんは小言をいう。私たちが「しおや」と呼んでいたのは、大人たちが塩を販売するこの路地の店を親しみを込めて「塩屋さん」と呼んでいたからだ。

川沿いの小さな公園には、毎日、引き車でやってくるおじさんが、車に細工した炉で焼いて1個5円で子どもが食べられる小さい焼き芋を売っていた。長崎県南西の蚊焼《かやき》で取れた芋は小粒だけど美味しい。大きな炉の口には針金で芋がいっぱい吊るされていて、おじさんはその針金を引き上げては、芋を手で握り、焼け加減を確かめて渡す。10円なら大きい芋、5円なら小芋。

吉祥寺の商店街で大きな肉マンを購入したり、ハーモニカ横丁の甘味屋で、お揚げの煮染まったおいなりさんを買うたび、子どもの頃に戻ったような気持ちになるのは、この街がどこか古《いにしえ》の長崎に似ているせいか。

3月末の「ロンロン」最終日、閉店時間が近づくにつれ、大勢の人々が集まり始めた。このままではいけないと、ロンロン店長は急遽予定になかった挨拶をすべく人々の前に立ち、最後のお礼を言った。それを聞いた人々は拍手を送り、涙を流す高齢者もいた。このような住人の反応は他のアトレでは見られなかった現象だと、関係者はとても驚いたという。

22　近隣からのクレーム

4月に入ったある朝、出社すると首都圏のマンションがまた売れ始めたそうですよと、山田君がインターネットニュースを見せてくれた。

それによると、2009年は景気悪化や不動産市況の悪化で、販売は低迷したものの、実際には在庫処理が一通り終わって上向きになっているという。2010年3月に入ってからは都心部を中心に大型物件が次々に登場、そのほとんどの物件が即日完売というから驚きだ。

「でも信じられないな、不況と言いつつ日本国最後の武器は貯金なんですね。平均価格が5070万円ですよ。世の中にはこんな高いマンションを即決で購入できる人がごまんといるのだから。まだまだ日本人はお金を貯め込んでいるんですね」

不動産知識の乏しい、持ち家に関心の無い山田君だったが、いつしか同年代の若者が決して言わない大人びた発言をするようになってきた。ただし、500万の老朽マンションだの、3000万以下の小さな戸建てだのを市場価格の基準と考えているきらいがある。素直といえなくもないが、来客時に得意になって我が社は吉祥寺に500万のマンションを取得したと自慢するので、話を聞かされた相手は目を白黒させ、何と返答したらいいか困っているようだった。そんな彼を見ていると、本当にすべてを理解した上で語っているのだろうかと心配になる。

3月下旬。応援大工ヨドバシさんは相変わらずひとりで頑張っているんだろうか。点検も兼ねて山田君を伴い小さな家に向かう。今日は家の奥から美空ひばりが流れている。ヨドバシさんはキッチンの床にあぐらをかいて水筒のお茶を飲んでいた。

「あれ、ご休憩ですか」

山田君がなれなれしく尋ねると、近所から文句言われて、ちょっと音止めてんのよ、こんなのしょっちゅうとタメ口で返す。

「朝から珍しく星大工が来て、釘打ち機でテケテケテケテケテケテケテケ……とやったんですよ。それがちょっと長くて私が怒られた」

ヨドバシさん曰く、ここはまだ戸建てだからいいけど、マンションになるともっと大変だ。コンクリートの場合はちょっとやってもデケデケデケデケ……と、隅から隅まで全部響いてしまい、現場は苦情の嵐だという。

「リフォームしますからって連絡して挨拶回りすると、いいですよって言われる。でも、実際工事が始まるとたくさんのクレームが出て結局中止になったり、壁作るのをあきらめたり、こんなの日常茶飯事ですよ」

工事現場に責任者が常駐しているわけでもないから、職人達はこうして隣近所の様子をうかがいながら工事を進める。

「昔はお互い様ですって言ってもらったけど、今はそうもいかない。トンカチで木の家をトントン叩いていた頃とは違うんですから」

水筒のお茶をカップに注いで語り出すヨドバシさんの顔のしわが、今日はくっきり見える。

思えばマンションリフォームの場合は、管理組合や理事長に話を通す事前手続きが結構かかり、床材の厚さやタイプまで指定されるため、材料選びも難航した。

その点、一戸建ては楽かと思いきや、東京のような密集した住宅地では、一触即発で近隣とのトラブルになりかねない。

この家の周辺は同じくらいの狭小住宅が建ち並んでいるが、偶然なのか、うちが工事に入ると向かいとお隣の家がリフォームを始めた。日中は何台もバンやトラックが連なり、どの車がどの家の職人のものかも判別がつかない。星さんが間違えて道具を持ち帰った時も、「オーイ、大工さん。ボルト貸してくんねぇか」と、ヨドバシさんはその辺で休むよその大工に声をかけていた。騒音問題も含めて、同時にリフォームを始めるメリットもあるようだ。

私道に面した戸建てをリフォーム中の友人は、近所の人達が道の真ん中に停めた自転車を、家の前によけてもらうように頼まなきゃいけないと愚痴っていた。

普段生活する中で気になってはいたけれど、見逃していたマナーや人間関係が工事という変化によってクローズアップされる。地下駐車場を作って車の出し入れが始まれば、道路に放置された植木や自転車は通行の妨げになると、頭を抱える友人。

そうこうするうち、現場にやってきた親戚の子どもが自転車に足を引っかけ大ケガをしたことから、全ては撤去されたという。

ある時、向かいの家を工事する大工さんに声をかけられた。

「ずいぶん変わった家を作るんですね。うちは相変わらず賃貸リフォームばかりで、こういう依頼がない。一度でいいから自分たちもやってみたいですよ」

都内で小さな工務店を経営しているという大工さんは、缶コーヒーをすすりつつ、いやあ洒落てるよと工事の様子を身を乗り出して見ながらベタボメする。こちらも気分良くなる――が。

「1000万円くらいかかってるんだろーなぁ」

ぎょっとした。そんな風に見えるのか。

「チマチマしたんじゃなく、うんと金かけられるリフォーム、私もしてみたいですよ」

私は二の句が継げず、けっこう大変ですよとだけ言って退散した。

お金を注ぎ込めば大胆で、個性的な家づくりができると思っている人々は、施主ではなく、依然業者にも多いのだ。彼らはプロなのに、少ない費用だからこそ創意工夫を凝らした独創的なリフォームができると考えられないとはガックリだ。

ともあれ、窓という窓が開け放たれ、北風が吹き込む小さな家の現場で、ホコリにまみれ、堅牢な柱や壁と格闘し、木片と石のかけらを黙々と運ぶヨドバシさんらの姿に、いつもたくさんのことを考えさせられる。

23　小さな仕事をなぜ工務店は断るのか

新聞では「就職が決まらない」「内定が取れないと、学内でも負け組扱い」という若者の悲鳴が頻繁に取り上げられている。

就活という長距離レースに、大学教育が大きく侵食されているというのだ。

企業は採用を絞り込み、勝ち組争いは激烈になる一方で、人柄や即戦力といった曖昧《あいまい》な基準で落とされ、何十通もの断りのメールで若者は自信を失い、未来が見えなくなるという。

だが、新卒の就活といえば、大手・有名企業への偏りはぬぐえず、人手不足の小さい企業では、募集を出しても人材が集まらず、働き手がみつからない現実がある。新聞社に入りたい人はごまんといても、洗剤などを持って購読契約をとる新聞販売店の仕事はできない、したくない。同じく大手建設会社は人気があっても、技術勝負の職人の世界は不人気で後継者がいない。その上、負債を抱えつぶれるところも多い。

いいなぁ、僕も大工仕事ができれば、いつか中古を買ってリフォームするのにと、作業するヨドバシさんに山田君が言った。

ヨドバシさんは何かあったらお仕事くださいと、私たちに名刺をくれた。

有限会社ヨドバシ工務店の代表取締役社長と書いてある。

「20年前に会社作って、何人か社員も雇っていた。景気が悪くなってとうの昔に自分ひとりでやってますが、一応工務店の社長なんです」

「へぇー、すごいなあ」と、山田君は尊敬の眼差しを向ける。

「以前はモデルルームや店舗の改装の仕事がたくさん来たんです。街道沿いの大型家具店も3年ごとに模様替えするから、その都度声がかかったが、今はまったくなしですね」

何だか申しわけない気がしてきた。

「その家具店もバブルの頃は外国から来たハイカラな家具が置いてあったが、今はろくなもの売ってないですよ。10年くらい前までは頻繁にあった新築マンションの仕事も、最近は昔の半分に減った。安い大工に切り換えたんでしょう。当時、私も買ったRマンション、坪400万はしたけど、今は3分の1で売れるかどうかですから」

だから自分たちの仕事が減っても、それは世の中の流れで、来た仕事をこなすしかないと腹をくくったという。

彼の話を口を挟まず聞く。

ヨドバシさんが大工になったのは、東北の実家が農家で貧しかったからだとか。15歳で札幌の棟梁のもとに奉公に出た彼は、マンションのコンクリートを流す枠を作っていたという。彼が経験した現場の中には、道庁の建物や有名ホテルもあったそうだ。そこで5年間弟子として働いた後、木造住宅がやりたくなって小樽に移った。

「ところがさ、カンナかけばっかりやらされて、嫌になって1年で辞めた。そん時に東京にいた同郷の友達が来いっていうから上京した。内装、造作、全部実地で憶えてさ、23歳で独立したんです」

「23で一人前になったんですか。僕よりはるかに若いなぁ」

山田君がすっとんきょうな声を上げた。この前専務が話していたベテラン大工を採用するという一件が頭をかすめた。

「若い大工なら月25万円くらいで採れるが、その倍出してでも技術が比較にならないベテランが欲しい。彼らは土間口もできるし、ちょっと屋根を作るのも『お願いします』のひと言で済む。けれど若い大工になると、どうやってやるのか説明から始めなきゃいけない」

そんなことを話していると、久しぶりに、以前リフォームのことを相談した賃貸業の番頭さんが、現場に顔を出した。

「何度か寄ったんだけど、こちらの大工さん、頑張ってますよ。一時は社長と呼ばれ羽振りも良かった人なのに、今ではどんな仕事も積極的に受けている。今、少ないんですよね、そういう余計なプライドを捨てた大工さんが」と、ヨドバシさんをベタボメする。

また、別の知り合いの賃貸業者にも、この状況を相談してみた。吉祥寺で長く賃貸業に関わってきた、家主の番頭さんとも呼ばれる人だ。たくさんの物件を管理していると業者との付き合いも増えるが、賃貸物件のリフォームは細かい仕事も多く、工務店探しに苦労するという。

「小さな工務店がつぶれていくのは自業自得でもあるんです。私はそう思ってますよ。ひとつは家づくりに関わる業者が、中古の需要が高まっているのに、小さな仕事を嫌がって、果報は寝て待てという傾向があるということです」

「ずいぶん優雅ですね」と私。

「そうなんです。この前も一戸建ての家でハクビシンが出たといって大騒ぎになったんです。ほら、ペットとして飼われていたタヌキに似たヤツですよ」

今では、地元の市役所にもたびたび苦情が寄せられる害獣の代表格。溜め糞が天井からドサッと落ちてきた話も聞いたことがある。

「大きくなって逃げ出して、古い家に忍び込む。三鷹のはずれや深大寺辺りからもけっこう駆除の問い合わせが来るんです。古い家が多いですから、居付きやすいんでしょう」

それで仕事がなく社員も遊んでいるような工務店に振ってみるものの、断られる。駆除といっても捕まえるわけでなく、追い立てるだけの仕事らしい。それなら若い社員をふたりくらい出せばいいのに、傾きかけた工務店の社長ですら断るという。

「結局これまで細かい仕事をバカにして、すべて下職《したしょく》に放り投げてきた習慣がついているからでしょう。困っているなら小さい仕事を半日やって1万でも2万でも稼げばいいのに」

「確かに」

「それだけじゃない。たとえばキッチンのレンジフードだけを替えたいといったお客さんが方々に依頼したんだけど、『そんなんじゃあできねぇ、パネルを全部貼り替えてくれないと受けない』と、全部断られたそうですよ。1社だけが『周りを壊さずできますよ。その代わり工事で破損するタイルのところだけ似たようなタイルを貼らせて下さい』と、受けてくれたそうです。お客さんが望んでくることを儲からないと断る業者がいかに多いか」

「レンジフードの交換って、いくらかかるんですか」

「定価で12万前後、タイルの貼り替えが2万ぐらいかな。実際には合計10万円くらいでできる仕事なんです」

10万円となれば決して安い取引額ではない。

「ハクビシンと同じ、面倒くさいんですよ。タイルの中に埋め込まれたレンジフードを取って、そこだけを補修するのは取るのも手間かかるし、欠けたら文句言われるし」

結局それでも一日仕事となるから、業者はパネルの取り替えもさせろと迫る。そうすれば、全部で20万の工事につり上がる。重要なのは一日いくら儲かるかなのだ。

小さな仕事から人間関係が出来て本格的なリフォーム工事を頼まれることもあるのに、職人のプライドと面倒くさいという感覚が先に立って仕事を選ぶから、大きな仕事につながらないのだと彼は言う。

そうこうするうち、ベテラン大工の仕事がなくなり、給料も払えなくなる。よって、工務店は傾き、高齢の大工は職を失い、私たちは経験の浅い大工による工事を余儀なくされる。

これが真実だとすれば、何という矛盾だろうか。せっかく古い家を直しながら理想の家を持つというリフォームに目覚めても、これではなかなか満足のいく住まいが得られないのではないか。

ヨドバシさんのようなベテラン大工を必要としているのは工務店の社長ばかりではない。これからリフォームをする人々にとっても、誠実で腕のいい大工をどうやって見つけるかは大きな課題なのだ。すでに7回リフォームを経験してみると、どんなにハウスメーカーや工務店が素晴らしくても、最後に工事の是非を決定するのは大工の腕であることもわかってきた。

ところが腕のいい大工はなかなか仕事にありつけず、私たちもどうやって探せばいいかわからない。しかもサイトを立ち上げPRできる高齢の職人など聞いたことがない。ベテラン大工の情報は表に出ないから、選んだ工務店、メーカーから当たりくじのように突然顔を出す。

私たちが欲しいのは業者の企業理念よりも、現場大工の技量のはずなのに。すべての意味において、情報を遮断しているのが旧態依然とした工務店であり、それが結果的に自分たちの仕事の選択肢を狭めているとしたら、こんなにもったいないことはない。

そんな話をしていると、ハシゴの上からヨドバシさんが「俺は換気扇1個でもやりますよ。息子とふたりで何度もハクビシン退治もした。業者が見つからないときには連絡下さい」と、解説を続ける賃貸業者に頭を下げた。

「こういう人は、なんだかんだ重宝がられて食いっぱぐれがない。下手に社員を抱えて社長然としているようなところは、もうだめですよ」

リフォームの本を出した私の元には連日、腕のいい大工を紹介して欲しいという問い合わせも寄せられた。それだけ普通の人は情報が得にくいのだ。

はたしてA工務店はどちらに属するのだろうと思った。専務自体他の現場があるというい、このヨドバシさんにすべてを放り投げているようにも思えた。

あらゆる業界があの手この手で品質の向上に努め、顧客の獲得に必死なこのご時世に、人生の中で私たちが最も多くのお金を落とすといわれる住宅産業だけは、一部を除くと大工の情報公開も含めて顧客のニーズに追いついていない気がする。リフォームによって新たな人生設計を考える人が増えているのに、いざ腰を上げると、それを阻む壁に突き当たるのはいつも依頼主である私たちなのだ。

休憩を取ったヨドバシさんは、手伝いますという山田君を従えて2階の大壁を作り始めた。張り切る山田君はハシゴの上のヨドバシさんに、断熱材を渡す役目を仰せつかった。

24　珪藻土と瓦落としでコテージ風外観を

ヨドバシさんの頑張りのおかげで室内の主要な造作とフローリング貼りはひとまず終了し、私の目指す家のフォルムがゆっくりと現れてきた。

いよいよ、建て売りから「The Small House」に生まれ変わる外構工事が始まる。中の造りは意外に堅牢で、原木の梁が現れるという特典もついていたにもかかわらず、外観は昔の建て売りそのもの。汚れた白壁に亀裂の入ったベランダ。テカテカな茶タイルで囲まれた玄関ドア上部の張り出しには、突然南欧を意識したかのようなオレンジ色の西洋瓦がほとんど地面と垂直に貼り付いている。

悪趣味だ。

このオレンジ瓦さえなければと、この家にやってくるたび何度苦々しい思いで眺めたことか。店を始めた暁には必ず障害になる。どんなに外観に工夫を凝らし、室内をリフォームしたところで、私が選ぶであろう、天然石のタイル、ハンギングバスケット、深緑色のオーニングなど、どれとも全く相容れない。「瓦の上から白いペンキでも塗るわけにはいきませんか」という私に、陶製の瓦は塗料をはじくから無理だと専務に言われたっきりだ。

これがマンションであれば、どんなに陳腐でも現存する外壁は共有部分だと涙をのんであきらめなければならない。だが今回は何でもできる一戸建てだ。総工費350万円の予算内で外観をどこまで変えられるのかが、リフォーム工事の大きな課題だった。

「ならばいっそ、オレンジ瓦をもぎ取って捨てて下さい」

以前、私が提案をした時に専務は、そんなめっそうもない、下地をやり直さなければならなくなると、後ずさりした。たまたまその時は、専務を私に紹介した友人がそこに居合わせ、「できるでしょ、やってあげてよ」と、強く押したため、わかりましたと渋々引き受けてくれたが、その後なしのつぶて。最初の頑張りますという意気込みは、契約して徐々に希薄になった印象は拭えない。

これまで通り話し合うほかない。費用はさほどかからないと聞いていたため、予算オーバーという問題でもなさそうだし。

気になるのは、専務の対応だ。たまに打ち合わせに来ても常に携帯電話で「取り込み中」と思われる話をしていること。かと思えば、頭を下げて謝っている。常に心ここにあらずなのだ。

それでも、おうちショップという、新たな舞台にふさわしい外観を作り出さなくてはリフォームの意味がないと、頭を切り換えた。

最終的に外壁は、塗料を厚塗りしたような、凹凸のある質感を出したかった。「それなら珪藻土を塗りましょうか。自然な雰囲気も出るし、目指すコテージ風住宅のイメージにピッタリ合いますから」と、めずらしく専務が良い提案をしてきた。人気の珪藻土を外壁リフォームに使うのは初めてだったが、その良さは方々で聞いていた。

植物性プランクトンの遺骸が蓄積された自然素材の珪藻土は、小さな粒子の中に無数の空気層があり、湿度の調整や断熱効果にも優れている。シックハウス被害が叫ばれ始め、自然素材の人気が高まるとともに、脚光を浴びている代表的建材だ。

何といっても耐火性と断熱性に優れ、漆喰に似た外観を作り出せるのも魅力だった。私が建てた英国風の家は塗料に川砂を混ぜたが、今回はオレンジ瓦を始末して、珪藻土を外壁に塗ればコテージ住宅のイメージに近くなるはずだ。

すでに南側の庭をつぶして床と同じ高さのウッドデッキを施工する工事も、再度やり直しに入っていた。狭い6畳間の窓を開ければ4畳程のスペースが広がる。そこに鉢植えの花と共に商品も並べられる。蚊が飛び交う雑草だらけの庭にしておくより遥かに有効だ。デッキが完成すれば窓上には、小さな店を引き立たせる深緑のビニールひさし、オーニングを取り付けてもらう。これらとマッチする壁は、白い珪藻土以外あり得ない。

「どの左官屋さんにお願いしますかねぇ」

専務は携帯のアドレス帳を見ながらぶつぶつ悩んでいた。

幸運にも腕のいい高齢の左官屋さんが見つかったと連絡が来た。早々に打ち合わせて壁塗りに支障なきよう、オレンジ瓦の取り外し作業に入るという。いつものように雑誌の切り抜きとノートを持って現場に向かう。

土曜日だというのに、早朝の吉祥寺は週末の喧噪などみじんも感じさせないほど、しんとしている。朝から晩まで都心で働いている者にとっては、匂い立つような春風と朝陽が気持ちいい。

挨拶をしながらホウキで道を掃く人、何匹もの犬と公園に出かける女性。東急百貨店裏、スターバックスのデッキテラスでは、ツイード帽をかぶったおじいさんが、コーヒー片手にゆっくり新聞を読んでいる。

住人が思い思いの場所で一日を始める姿は、見ているだけで幸せな気持ちになる。

もし、今の仕事を辞めて、毎日この家で店番をするとなれば、この幸せな朝が当たり前になる。通勤電車でもみくちゃになりながら都心へ向かうこともなくなる。

その時、吉祥寺は今と変わっていないだろうか。この街で暮らす人々は、たくさんの路地や商店街を訪れる人々の顔ぶれは、変わらずあり続けるのだろうか。

娘は結婚して、孫の手を引いて訪ねてくるのだろうか。

商店街を抜けて小さな家に到着すると、意気揚々と一眼レフを肩から提げた山田君が走ってきた。

「一足遅かったですね。歴史的瞬間を見逃しましたよ。おうちショップをはばむあの忌まわしいオレンジ瓦ですが、わずか30分でなくなりました」

「あなた、いったいここで何してるの」

驚いた私はまじまじと彼を見た。今日来るとは聞いていなかった。すると山田君はちゃっかり、写真撮影ですと言った。カメラ小僧の彼に、面白いものが見られるぞと、今日の瓦落としをヨドバシさんがこっそり教えてくれたらしい。山田君はモゾモゾ言い訳しつつ、家の前へと急がせる。

「うわっ！　本当にない」

山田君が指差す玄関上を見ると、憂鬱の種だったオレンジ瓦が見事になくなっているではないか。一体、いつの間にと手を叩く私に、彼は得意になって教えてくれた。

「瓦って、屋根の上面に対して真横に打ち付けてある桟《さん》、つまり瓦桟《かわらざん》という木に留め付けてあるだけなんですよ」

「なんだ、そんな簡単なの。もっと、大変な作業だと思ってたわ」

「取った後の処理が面倒だったからごねてたんじゃないですか。専務に下地の傷が目立つからどうするかと聞かれて、みっともないから平らにしてくださいと言ったら、板を貼ってましたから」

　耐水性のコンパネらしき板で覆われた張り出しは、珪藻土でもタイルでも何でもこいという素の状態に戻っていた。

「というわけで、明日からこの外壁を予定通り珪藻土で仕上げていきますので」

　家の中から出てきた専務は一仕事終えた満足感からか、丸い顔の職人さんを紹介してくれた。何があっても声を荒らげないような柔和なおじいちゃんだ。専務によると、東京でも5本の指に入る名左官屋さんらしい。いよいよ小さな家がざらついた質感の外壁を持つ白いコテージに生まれ変わる。

　全て順調に進むと思ったが、ここでまた問題が出た。

「それで足場はいつ来るの」と、尋ねるおじいちゃんに対してハシゴで何とかできるでしょうと、専務が答えたことがきっかけだった。

　それまで風船のような丸い顔でにこやかに話していたおじいちゃんは、「はぁ–、恐ろしいよ。ひっくり返ったらどうすんの」と、露骨に拒んだ。屋根をめがけて長いハシゴが天空に伸びている。ひょいひょいと慣れた足取りで専務や職人達はハシゴを行き来していたが、確かに春風も吹き荒れている。

「危ないから足場を組んだ方がいいですよ」

珍しく黙って聞いていた山田君がおじいちゃんを援護するように言うと、専務は頑として大丈夫ですと、私に向かって言い張る。プライドの高い人でもないのに変だなと思った。おじいちゃんはおっかねぇ、こんなところで死にたくねぇと繰り返す。無視された山田君は事故は怖いですからねと、おじいちゃんとつるもうとした。

困り果てた専務はハシゴだけで大半を仕上げ、屋根に近い部分はペンキ屋にローラーで塗らせますからそれでやって下さいよと、無理矢理押し切って了承を得た。

それにしても責任者不在の現場で、何かあったらどうするんだろう。

打ち合わせ終了後、そそくさと帰ろうとする専務を、ちょっと待って下さいと引き留めた。

「なぜ、足場を組まないんですか。事故が起きたら大変ですよ」

抗議口調の私に、いつも低姿勢の彼が不満顔で言った。

「あちこちで外構工事が始まって足場の手配がつかないんです。付き合いのない業者を使ったら10万近く取られるし、予算内で仕上げることも私の仕事ですから」

「でも、外壁の塗り直しは当初から見積もりに入ってますよ。それは職人さんのリスク込みの価格だったんですか」

すると専務は居直ったように山田君と私を交互に見て言った。

「何か誤解されているようですが、あれだけのベテラン職人ならわざわざ足場を組まなくても作業できるんですよ。そもそも珪藻土はＤＩＹの建材で、私でも塗ることはできる。もし、左官屋ができないと言ったら私がやりますから」

何だか論旨がずれている気がした。

「どっちでもきれいにできればいいんじゃないですか」

山田君がこの不毛な会話に終止符を打った。

その途端、専務はちょっとすみませんと携帯を取り出し電話をかけて、「困るよ星さん。引き渡し来週なんだから。のうのうと休まれたりしたら上がったりだろ」と、怒り始めた。

いつもペコペコしている専務でも社員にはこんな物言いをするのかと意外だった。はらりと落ちた予定表を見ると、あちこちで引き渡しが迫っていることが一目でわかった。人手が足らないのだ。会社は大丈夫なのだろうか。

「私の家の工事、本当に3月いっぱいで終了するんですよね」

何度も繰り返した質問をまた向けた。引き渡し期日は目前だが、この調子では確実に延びる。そのことに対して謝罪も説明もしない。

ひたすら専務は、私どももどんどん現場を終えて引き渡さないと、次の現場が始められない、というようなことを言った。

「写真を撮っているからわかるんですよ。専務の顔がいつもこわばってるんです。足場を組むお金がないいんじゃないですか」

山田君の指摘が妙な信憑性を帯びてきた。

25　落下する鬼瓦

珪藻土を塗り始めても専務は現場に現れなかった。左官屋のおじいちゃんは足場のことなど忘れたように、やわなハシゴでスイスイと汚れた外壁を塗っている。だが私は、仕事をしていても気が気ではなかった。

そこに電話が入った。左官屋のおじいちゃんからだった。

「大変ですよ。お宅の屋根の、鬼瓦が落ちてきそうだ」

「ええっ、瓦が落ちるですって」

フジツボガス管に続いて落下する鬼瓦とは！　おじいちゃんはマスキングをしていたペンキ屋さんが屋根に登ってどーのこーのと叫んでいるが、話がよくわからない。

「すぐ向かいます」

と言って、会社を飛びだした。そりゃ大変だと上司も同行してくれた。吉祥寺に向かう途中、上司と私はそれぞれの携帯から専務に現場でトラブルが発生したと、何度も電話を入れた。会社にも伝言を残したが、折り返しはなかった。

現場に着くと左官屋さんを囲むように職人たちが表に出て心配そうに屋根を見ている。今日から下地を整えるためペンキ屋さんも入っていた。タイル屋さんも現場の視察に来ていた。それなのに専務がいないとはどういうことだ。

皆、私に気付くと、じりじり鬼瓦が下に向かって移動してくるんだと言った。鬼瓦とは、屋根の棟の端に付けられた、雨水が建物内部へ浸入することを防ぐ役目を担う瓦のこと。見るからに重そうだ。

「とりあえずペンキ屋さんが動かねぇように紐でゆわいてくれたんだけど、珪藻土塗ってる頭の上からあんなもんが落ちてきたら、お陀仏だよ」

まん丸い顔のおじいちゃんは、ふぐのようにほっぺたを膨らませて抗議している。勢い余って、とりあえず屋根を見てくると、ハシゴを登ろうとする私を、皆が止めた。降りてこられなくなったら大変だと言う。

それを振りきり2階の高さまで登って下を見ると、その距離感にめまいがした。フィジーでパラセールに乗って空中を漂った時、気流の関係でパラセールがどんどん地上から離れて、気が付いたら自分が天空の点になっていた。それを自覚した途端、心臓発作を起こしそうになった記憶が甦り、足がすくんだ。あの時と同じく、足もとは微妙にゆらゆら振動している。

こんな不安定なハシゴに乗って珪藻土を塗っていたんだ。今さらながら職人の凄さにはかなわないと兜を脱いだ。目をつぶって降りてこいと下から左官屋のおじいちゃんが叫ぶ。やっとの思いで地上に足が付くと、怒りがこみ上げてきた。

上司は専務に連絡を取ろうとする私に、さっさと修理しないとまずいですよと耳打ちした。

「この近くの瓦屋を調べて、大至急見積もりに来いと手配しておきました。とりあえず数時間の工事で屋根を全部直してくれるそうです」

機転の利いた彼の判断で、隣の三鷹から若い職人が駆けつけてくれた。鳶《とび》職のように屋根の上を歩き回った末、瓦があちこち割れてますね。雨漏りしてませんでしたかと聞いてきた。

「いえ、2階の工事では何ら問題ありませんでしたけど」

雨漏り。この前までは希少物件を購入したと喜んでいたのに、頭を殴られた気分だった。

「和製瓦だから重たいんですよ。30万円以上かかるかもしれませんが、この機会に思い切ってスレートに替えれば屋根も軽くなるし、雨漏り防止にもなりますよ」

「とんでもない。鬼瓦をどうにかしてくれれば、それで十分です」

私は髪を振り乱し、何の罪もない青年に、早く費用を教えて下さいと叫んでいた。

後ほど会社に届いた見積もりは15万円也。思ったより高額なので悩んでいたら、現場の職人から騒動を聞いた塗装店の社長が、「それくらいの作業なら俺っとこでできるから」と、半額以下の工賃で引き受けると言ってくれた。

表向きは塗装店でも、昔は工務店を経営していた社長らは、大工仕事から鳶《とび》まで何でもできるという。いつも時間より早く現場にやってきて、塗装以外でも気になる部分があれば必ず教えてくれる。この人なら安心とすぐにお願いした。

鬼瓦を固定するついでに、割れた瓦の取り替え及び、2階のエアコン室外機置き場、雪止金具の取り付けもやってくれるという。

「リフォームはこういう素人じゃわからない仕上げの一つひとつが大切なんだよ」

剝ぎ取った瓦が留めてあった桟の部分も、板を張っただけじゃ心もとない。こんなもんいくらもしねぇから、買ってきてやったよと、プラスチックカバーで覆ってくれた。

「見た目にはほとんどわかんないけどよ、こういう部分で手抜きしたら、雨漏りの原因になるのよ」と、教えられた。

これもヨドバシ大工を中心に出来上がった「親睦の輪」のおかげだ。

専務不在の今、素人の私たちが頼れるのは彼らだけ。たとえてみれば、飛行機に乗っていて具合が悪くなった時、客室乗務員が「お医者様はいらっしゃいませんかー」という感覚に近い。外科でも内科でも歯科医でも、緊急で急病人を診ることはできる。同じく年配のペンキ屋、左官屋、大工、タイル屋といった現場経験豊かな職人達は、素人よりはるかにリフォーム工事をわかっている。

それにしても、やればやるほど追加費用が発生する。思わぬところからボロが出て、手当てしなければならなくなる。運命を感じて飛び付いた老朽家屋だったが、やはりひとすじなわではいかない。

「まったく弱ったなぁ」

ペンキ屋さんも左官屋さんも、連絡が不通になった専務に対する苛立ちをつのらせている。

今や私に課せられたのは、職人集団を束ねる責任と、何が飛び出すかわからない古家工事の総合管理であった。

第八章

中古リフォームで手に入れる未来

26 安物ブリックにペンキを塗る

吉祥寺に店を持つという当初の夢溢れる計画は、連絡が滞るA工務店と、工事の遅延によって少しずつ暗礁に乗り上げた感が募った。仕事を抜けて吉祥寺の現場に張り付いたせいで、従来の仕事や本の締切りもかき乱された。

ふっと業者を変えるという案が頭をかすめた。A工務店をキャンセルし、他を当たってみるのはどうか。

全額工事費を払っていない今なら、手付け金を精算して、業者を変えることはできる。これから夏にかけては何度かイギリス出張もある。現場監督代わりに毎日ここにいることもできない。

時折、現場にやってくる娘も「この前とあんまり変わってないじゃない。これじゃ家を建てた方が早いわよ」と、公然という。

止めるか、続けるか。

けれど、ここで業者を変えても、何らかのリスクは必ず付きまとう。改めてリフォーム代350万円を支払うと、専務に払った手付け金がムダになる。しかも一から説明しても、私がこの家でしたいことの趣旨を理解されないかもしれない。業者探しも煩わしい。

嫌なことがつらつらと浮かんできた。

ここまでくれば友人の紹介など何の意味もなさないが、多少問題はあっても、原木の梁まで見つけ出した専務を引っ張り続けるしかない。

すでに書いた大手Gシャッターが土間も打たず勝手に取り付けようとしたウッドデッキの一件でも、専務に渡した図面通りやり直してもらいたいと抗議した。施工システムを理由にGシャッターの支店長は拒んだが、結局専務は自分が図面を渡し忘れていたと認めて、A工務店の従業員と土間打ちをやり直した。

挙動不審の専務だが、業者がしくじれば自分でつじつまを合わせようとする。取引先に強く言えないし、ミスも多いが、嫌と断れない気弱な性質がせめてもの救いだった。

「高名な建築家なら絶対、大ゲンカになってますよ。その点、専務はノンポリですから」

と、ことあるごとに上司や山田君は言ってきた。

そんなことを思い出し、ここであきらめてはいけない。どこに乗り換えたとしても、何らかの問題は出るだろうと腹をくくった。

何より乗りかかった船をここで降りれば、私の誇りでもある「中古遍歴」と「リフォーム魂」が揺らぐ気がした。

それはできないことなのだ。

何より、私の目指す住まいは新築、中古、マンション、戸建てにかかわらず、安い予算でこだわりの住まいを実現するという、業者からすればとても厄介で手間がかかるものだ。よって業者探しも右から左にスライドして解決とはいかない。しかも今回はおうちショップという住宅プラスアルファの要素がある。

これまでのボロ家、老朽マンションリフォームのおかげで、さまざまなアイデアを提案し、イメージを形にする力は、素人ながら培ってきた自負がある。だからこそ、これまでのリフォームで経験した政治主導ならぬ施主主導のポリシーを軸に、残りの工程をやり抜こうと思えたのだ。

これまでの工事も途中で混線したものの、最後は満足できる家が出来上がり、業者サイドも違う視点に気付かされたと、引き渡しの時には互いの労をねぎらい、喜びを分ち合ったではないか。

そういう意味において、過去7回のうまくいったリフォーム同様、A工務店が存続する限り、何とか最後までA工務店でリフォームを完成させるしかないのだ。

塗装店社長の丁寧な作業のおかげで鬼瓦は無事定位置に収まったものの、今度は老齢のペンキ職人が、社長が帰ると同時に、内装のブリックタイルにペンキを塗る作業なんか勘弁してくれとごね始めた。

普通は差し入れを増やしたり、茶飲み友達のように世間話をするうちに収まるものだが、今回は頑として譲らない。

古家の趣を引き立てるブリックペインティングの技。イギリスのカントリーハウスやパブで見かけた、白くペイントしたレンガの壁は、日本でもカフェやショップでよく見かけるようになった。あの味わい深い壁を何としてもこの家に再現したかった。

実はイギリスに行くたび、なぜ、室内の壁に石材が使われているのか、なぜ、色を塗るのかと疑問を抱いていた。

最近知ったのだが、イギリスでは住宅以外にもウェアハウスと呼ばれる倉庫や工場を壊した際、朽ちたレンガが現れる。石膏ボードで壁を作る日本に対して、イギリスはレンガで家を作るからだ。一見素敵に思えるが、古レンガのままだとポロポロと角が欠けて床が汚れる。そこで、部屋を汚さないためにもペンキを塗るのだという。

カントリーハウスのキッチンも、レンガにペンキが塗ってあるが、これも塗装することで料理の匂いがレンガに染みこむのを防ぐ効果がある。

また、ペンキの色に白やアイボリーが好まれるのは、明るくニュートラルな印象があり、家具やカーペットを選ばないためらしい。ちなみに、ブリックを貼るのは暖炉周りなど、壁の一部。すべての壁が塗装されたブリックでは、フォーカルポイントにならないからだ。

方々でレンガの壁にまつわる話を聞くうち、次に家をリフォームする時には、クロスではなくブリックを貼ってペンキを塗ろうと決めていた。それをやってみたかったがゆえ、老朽戸建てを探し回ったといっても過言ではない。

すでに1階の店、キッチン、2階の梁がある部屋に白いブリックは貼り上がっていた。それだけで薄暗い古家が垢抜けて、イギリスの小さなコテージという印象に変わっていた。

「これでいいじゃないですか。わざわざ塗らなくてもさ」

今のままでも白くて石膏のような風合いが出ているのに、というのがペンキ屋さんの言い分だ。

彼の親方、塗装店の社長に電話を入れて説得してもらうのも告げ口のようで大人げない。ここは自分で解決した方が早い。

「30年間ペンキ塗ってきたけど、ブリックの上からペンキを塗ったことはない。セメント系石材だからペンキが染みこんでしまいますよ」

かなり面倒くさそうだ。

「それじゃ困るんですよ。完璧なブリックと組み合わせるために、イギリスから取り寄せた白タイルもすでに貼ってるんです。すべてペンキを塗る前提で考えたんですから」

最初に打ち合わせした事項なので、このようなやりとりも本当は専務の役目だがと内心思いつつ、洋書などを見せながら説得を続ける。

「今とたいして変わらない。意味ないと思いますよ」

いったん職人のガンコに巻き込まれたら、上手にほぐさないと動いてくれなくなる。どうしようと思っていたところで上司がキレた。

「冗談じゃない。こっちは事前にA工務店に説明してるんだ。たまたま瓦のトラブルではおたくの社長に世話になったが、これは最初から頼んでいた作業なんですよ。言った通りにしてくれないと困るんだ」

彼の怒鳴り声にペンキ屋も声を荒らげた。

「そんなこと言われても困るって。こっちも専務に連絡が取れないで、わけわかんないんだからよっ」

一触即発。ハケを持ったペンキ屋と携帯電話を握りしめた上司がにらみ合っている。

そこに山田君が合いの手を入れた。

「あのぅ、彼女の考える作業は突飛なことが多いけど、出来上がってみれば、ああ、こんなやり方もあったのかと、必ず思うはずです。現場にいる時は僕もお手伝いしますので」

間の抜けたアドバイスにペンキ屋は渋々、「どうなっても知らねぇですよ」と承諾し、一件落着したが、油断は禁物だ。本来なら工務店が取り仕切るべき職人たちが、いつまた「できない」「やらない」といった類の反乱を起こすかわからない。

「写真を撮りながら工事を進めた方がいいですよ。後で何かあった時、ちゃんと説明できるようプロセスを残した方がいいと思います」

イラ立つ上司は気持ちを静めようと、私が職人たちのために買ってきた飲み物の中からミネラルウォーターを取り出し、ゴクリと飲んだ。私と共にロンドンの拠点をイラン人やインド人の職人らと共にリフォームした自負ものぞく。

タイル、ペンキ、木工とこれからの工事はデザイン性が左右されるものばかり。スケッチ通りの家になるかどうかは、こちらの現場力にかかっている。

職人たちは、とりあえず私を、インテリアコーディネーターもどきと思っているらしく、現場に通ううちに突飛なことを頼んでも何とか対応してくれるようになった。

上司もこのまま突き進むしかないと、考えていた。

「これ以上変なことが起きないよう、毎日現場に行くしかないでしょう。とりあえず、ここに来られない時には、代わりに山田を立ち会わせましょう。突然専務がやって来るかもしれないし、作業を記録するカメラマン兼工事アシスタント役は必要ですよ。もちろん、現場で職人の邪魔になることはするなと、本人にきつく言っておきます。この機会に家の作り方を勉強させれば、うちの雑誌で住宅特集を組む時の基礎知識にもなるはずです」

そんな上司の提案に「まかせて下さい」と、古家改造にハマった山田君は大喜びだ。編集部では印象の薄かった山田君だったが、今回の工事で突然存在感を示したことは不幸中の幸い。編集部はもちろん、私にとっても大きな励みになった。

27　英国製タイルと白レンガで小さなカントリーキッチン誕生

白い珪藻土を塗り上げた小さな家の外壁は、ザラザラした質感によって、以前とは全く違う別ものに生まれ変わろうとしていた。

「いいなぁ。福生あたりの米軍ハウスのようじゃないですか」

山田君は私が施主であることを忘れたかのように喜んでいる。手伝いで頻繁にやってくるうち、この家や吉祥寺の商店街にすっかり愛着が湧いたという。

室内はペンキ屋さんが文句を言いつつ、塗装してくれたおかげでイギリスの農家で見たカントリー調の空間が出来上がった。これまでレンガ色のブリックを暖炉や外構に使ったことはあったが、ペンキを塗って室内壁として使うのは初めてだ。あれほどごねていたペンキ屋さんも、一部屋塗り終えた段階で、「うーむ」と腕組みして、その美しさに見とれていた。

全ては私がイギリスで見つけた手作りタイルのためだった。岩肌のような粗いブリックとパールのようになめらかな光を放つ白色タイル。そのうわぐすりによる光沢が、白レンガに囲まれると、より一層引き立ち美しい。

1枚600円前後から購入できるコッツウォルズで作られているタイルを見つけた時から、この芸術的な手作りタイルを使えば、どんな絵画を飾るより老朽家屋の各コーナーが際立つと確信した。

ユニットバスが普及する日本で、タイルの需要はますます落ちている。だが、イギリスでタイルといえば水はね防止をするものではなく、美しいインテリアの一部として愛されている。日英のタイルに対するとらえ方は大きく違うのだ。

たとえばイギリス人はキッチンをオシャレに飾るためにタイルを使う。

ラテン語の「テグラ（tegula）＝物を覆う」が語源のタイルは、産業革命の時代、中産階級に浸透した。その後、タイルに絵を描くハンドペイントタイルが注目され、19世紀末から20世紀初頭のアーツ＆クラフツ運動では、タイル職人の手仕事が再評価される。80年代には車よりタイル張りキッチンにお金を注ぎ込む人が出るなど、イギリスではリフォームとハンドペイントタイルは切り離せない関係となった。

話は少し逸れるが、リフォームのコストダウンを図るポイントは、①キッチン②床材

③お風呂の3つが鍵といわれている。特にキッチンは価格帯も十数万から上は1000万円近くまでと幅があり、キッチンの価格いかんで工事費に雲泥の差が出る。女性にとっては夢の領域だが、今回のリフォームではまず店づくりが最優先。そこでキッチンはミカドの標準仕様を取り付けた。

4・5畳の狭い台所に設置された何のへんてつもない白いキッチンユニットだが、周りにコッツウォルズの工房で若い芸術家カップルが手彫りの型に土を入れ手焼きした、花や木が浮き彫りになった芸術品のような乳白色のタイルを普通の白色タイルと交互に貼る。そのすぐ上には磨りガラスの出窓があり、うっすらと映る隣家の緑が、タイルに緑色の影を落としている。私が取り寄せたのは、130ミリ×130ミリの美しいレリーフタイルだった。イギリス取材で偶然見つけたこの工房で作られるタイルの重厚感や質感は、どんな安物キッチンをも上質に見せてくれると確信した。

「このタイルを使いたくて、キッチンも白にしたんです。この周りに、同じ大きさの白タイルを貼って下さい」

タイル屋さんは家中ブリックやタイルを貼った私が、どんなキッチンを目指しているのか、まだピンときていない様子だった。

「外国のタイルと同じサイズのタイルは日本にはない。厚みも日本のもののほうがずっと薄い。洒落た外国製タイルを持ち込む施主さんは、いつもインチとセンチを勘違いして寸法を指定してくるから、こっちも混乱するんですよ。1センチと1インチの差は1・54センチもあるんだ」と、消極的だった。

「同じ厚みの光沢のある大きめのものを、イギリスのタイルに合わせてカットすれば大丈夫ですよ。どこにもないシステムキッチンが出来上がりますから」

そう言って前に専務に頼んで取り寄せていた、サンプルの白タイルを見せた。

「まぁ、これなら大丈夫かなぁ」

タイル屋さんは、日本のタイルと英国製タイルを見比べて了解してくれた。

「大量生産されている標準のものから選ぶと、会社に在庫してるから明日からでも作業が始められるんですよ」

タイル屋さんは納品に時間のかかるそれ以外のタイルは、予定が取れないから避けたいと言った。

彼が帰った後、現場に残ってタイルの組み合わせを考える。英国製の乳白色のタイルは、バラ、デイジーの花をかたどったものや、樹木、動物、貝殻など、無限に種類がある。選び抜いたタイルを、キッチンのシンクに立てかけて山田君に撮影してもらい、皿洗いや料理の時に一番美しく見えるよう配置を決めて、職人さんのために図案を作成した。

洗面所や店の手洗いコーナーも、すべて白いレンガと英国製タイルの組み合わせで仕上げていく。大きめにカットした鏡や懐古趣味的なランプの黄色みがかった照明の下で、いつものように自分で描いたスケッチを元に、小さな24角正方形タイル（24ミリ×24ミリ）も、すでに現場に運び込まれていた。それを茶やブルーの色タイルとあれこれ組み合わせながら、洗面台のデザインを作った。白いブリックの石壁とも合うよう、なるべくシンプルに仕上げた方がバランスが良い。

「目地は粗くして下さい。ただしキッチンはシンプルな白い目地で仕上げて下さい」とメモを残したが、いよいよタイル作業が始まるという当日の朝になると、気が気ではない。

再び現場に飛んでいった。

すでにタイルが貼られたキッチンや洗面所などの水回りは、ブリックの中に埋め込まれたバラや鹿などのモチーフが浮かび上がり、「超標準キッチン」が、イギリスで見た古いコテージのキッチンのように様変わりしていた。ふたつの窓から差し込む光を反射させる白いタイルは、キッチンの壁に彫り込まれた彫刻のようだ。

小さなテーブルを置いて食事ができることを第一とした和みの空間。たとえ狭くても作ったものをサッと食べられ、片づけも手早くできる。手を伸ばせば何でも届くというのも、店が忙しい時には嬉しいメリットになるはずだ。

テレビ線もあるから、ニュースを見ながら料理や食事ができる。

カントリーテイストを強めるために、壁2面にブリックを貼り、現場で出た廃材も窓枠に沿って壁に打ち付け、ダークブラウンのニスを塗り、2階のせり出した梁と同じ印象にした。店舗と洗濯機置き場の間の壁にはめ込んだステンドグラスからも光がこぼれ、狭さを感じさせない食事室兼キッチンができた。

引き戸を挟んでキッチンとひと続きの洗面所は、冬のセール期にロンドンのホームセンターやデパートで安く求めたガラスの棚や古材のタオル掛けなどが取り付けられて素朴さが強調された。水回りは着実にひとつのイメージにまとまりつつある。

残るは玄関だ。いかにも大量生産されたような真っ茶色のニスが光る玄関ドアも、取り替えると十万円と言われ、塗装で何とかしようと決めた。

早速ペンキ屋さんの指示のもと、硬質のやすりで塗装を削り落とす「あらし」に入ると、山田君も私も粉吹きじいさんさながらに粉塵まみれの真っ白となった。

はあはあと肩で息をしながらやすりかけに精を出す。イギリスでリフォーム工事をした時はやすりはかけなかった。表面に深い亀裂が入るくらい、ペンキを重ね塗りする人は多いのにと思った。

「表面にうっすら残るニスを取らないと、きれいにペンキが乗らないからさ。下地処理って手間かかるんだよ。やってみると大変でしょ」

ペンキ屋さんはやすりが均一にかかっているか、師匠のように丹念にチェックする。この細やかさが日本の職人技なのだと感心した。そうこうするうち、いつのまにか私たちは下職の補充要員となっていた。すでに当初の引き渡し期日は1週間オーバーしている。この調子だと1ヶ月はゆうに遅れそうだ。だが、今は作業に集中しなければと心を静めた。

久々にやってきた〝番頭さん〟こと賃貸業者の社長は、完成しつつある「小さな家」を「なるほどなぁ」と勝手に納得し、確認するように見渡すと、「この家の前を通ったという近隣の方から問い合わせが来ているんです」と言う。

上司がすかさず「この辺り、何軒か貸家が出てますよね。ちなみに丸ごと一軒店舗として貸し出すとしたら、この家、いくらくらいで貸せるんですか」と聞いた。社長は「飲食店でもOKというなら20万円は堅いですよ」と即答。何と、月々のローンを大幅に上回る収益だ。

「火気厳禁というとこばかりですからね。若い人好みの夢のあるリフォームだし、完成したあかつきにはもっといけるでしょうなぁ」と、社長は英国製のタイルを興味深げに見ていた。

「白い石壁の家って、思った以上のインパクトですね。これなら家丸ごとカフェにしても、絶対お客さんが入りますよ」

撮影する山田君もすっかり自信満々だ。

「和室、洋室、それぞれ区切って個室カフェにしてもいいよね」

もう、ここまできたら元の家はどうであったか、写真を見なければ思い出せない。それほど家は劇的に変わった。

自画自賛しつつ、一番上手く仕上がったと思っている洗面所に立った私たちは、はたと目が点になった。

鏡に映った背後の風呂場の汚さが、白いブリック壁が完成した洗面所から見ると、レトロを通り越し、おどろおどろしさを増している。以前は「昭和の銭湯風」と、まだ言いようはあったが、ここまで来たら浴室を何とかしなければ全てが台無しになる。

店を始めるには直接関係ないし、自分がガマンすればいいのだろうが、中古リフォーム遍歴の金字塔を打ち立てようとしている今、風呂場によってこの家に足を踏み入れた人の感動が断ち切られてしまうのは許せない。

ところが、追加工事の相談をしようにも、依然、専務とは連絡が取れない。たまにA工務店のパートさんから、「専務からことづけですが～」と送られてくるFAXが命綱という遠隔操作で工事は進行しているのだ。

私はA工務店に電話をかけ、浴室のやり直しをお願いしたい旨、ことづけた。ところが、電話に出た職人風の男性は、「担当は専務ですよね。直接言ってもらえませんか」と、メモすら取ろうとしない。

「ですから至急連絡を取りたいんです」

と、食い下がると、「俺らも現場を飛び回っているもので、携帯がつながらないとどうしようもないんですよ。何かあったんですか」と重い腰を上げた。

私は風呂場を追加で改装したいが、誰にいつ見積もりをもらえばいいかわからない。それ以外のことでも確認したいことが山積みなのに、とぶちまけた。

「おっしゃることはわかりますが、専務も大変なんですよ」

何と客よりボスをかばうとは。怒りは爆発し、「社員であれば何とかするものではないんですか」と、声を荒らげた。

もし、私が借家に住んでいたなら、これだけ引き渡しが延長されれば、間違いなくウィークリーマンション行きだ。彼らは今起きている状況が施主にとっていかに金銭的損失を伴うことか、全くわかっていない。

できるだけ穏便に工事を乗り切ろうと思ってきた。けれど、A工務店の態度を見ていると、専務ばかりか従業員までが、こちらを下請けと勘違いしているのか、ただ単に無責任なのか、工事の現場を丸投げしてきているとしか思えない。そのおまかせレベルはこれまでに類を見ないほどあつかましく、電話して下さいと伝言し、ひたすら待ちの姿勢で工事を進めていくも、即留守電になる専務の携帯と、無礼な社員の応対は何も変わらない。

怒りが頂点に達した私は、このままA工務店に乗り込もうと上着を着た。

山田君は神妙な顔で、「もしかしたら専務は逃亡生活を送っているのかもしれませんよ」と言った。

「それでもここまで来たら探し出さなきゃ」と、再度、事務所の所在地を確認すべく、A工務店に連絡を入れようとした。

その時、玄関からガチャンとドアの開く音がした。

「失礼します」

何と、専務の弱々しい声が廊下から聞こえてきた。

「えっ、もしかして」と、私は山田君と顔を見合わせた。

だが、考えるより早く、キッチンの引き戸を開けるとそこに専務が立っているではないか。

「一体どういうことですか。なぜ連絡をくれなかったんですか」

私が怒りを抑えながら冷静に尋ねると、専務は土下座せんばかりの勢いで、ほ、本当にすみません。ご、ご迷惑おかけしました。他の現場に人手が足らず、今日まで、そっちにかかっていたもので……と、オドオドしながら必死で事情説明をする。

「それは御社の問題でうちには関係ないでしょう。第一、電話一本できない理由にはなりませんよ」

するとと彼は、ダボダボの作業服の襟を正した。

「どうにもここまで醜態をさらして、電話をかけるにかけづらかったんです。も、もし工事が打ち切られたらどうしようと、悪いことばかり考えて今日に至ってしまいました。工期が遅れた分、お約束通り私が自分で現場をやります。これ以上お引き渡しが延びないよう、ど、努力する所存です」

この前も同じことをおっしゃいましたが、あれ以来音信不通でしたよねと、山田君も抗議した。

「申し訳ありません」

すっかりやつれた専務は、経営破綻で夜逃げされ、一方的に踏み倒された店舗改装工事のために、会社が大変だったことを説明しだし、これからはこのようなことが起きないように、一層努力していくつもりですと、ひたすら詫びている。

「今日から毎日、私が工期を詰めるため、この家のクロスを貼って、電気工事も大工仕事もやって、何とか間に合わせます」

若い頃、工務店の下職として一通り全ての技術をマスターしたという専務は、明日から印刷所の輪転機のような糊付け機を、ここに持ち込むつもりだと言った。

「明日、朝8時にまたここに来ます」という彼の言葉を本当に信用していいものかどうか、今回は大いに思案した。ふたつ返事でわかりましたとは言えない。その時、山田君がひょうひょうと切り出した。

「クロスは当然のことながらやって下さい。今問題になっているのが、この汚いお風呂場をどうやって改装するかということなんです」

とりあえず私から解放され安堵する専務だが、「何とかなりますよね」という山田君の言葉に、まじまじとビフォーアフターの象徴のような手つかずの古臭い風呂場と美しくよみがえった洗面所を交互に見て、うーむ、このレベルに近づけるんですか……と頭を抱え込んだ。

「何が問題なんですか？　みなさん、普通に風呂場をリフォームするじゃないですか」

さらに山田君が追い打ちをかけると、うなるように「工期が、ですねぇ。最初のご契約ではお風呂は手を付けないと聞いていたもんですから」と、絞り出す。

曰く、仮にユニットバスにするにしても風呂場をはつり、土間打ちから入らなければならず、コンクリートが乾くのを待つと、日にちもかかり、数十万の追加費用が発生する。その上ユニットバスを取り寄せると、さらにお金も時間もかかる。自分一人でそんな工事はできないし、云々。

「見ての通り、他の部屋があまりに美しくなってさして汚なくもない風呂場が劣悪に映るんです。何か今の段階でできる方法はないですか」

　黙っている私に代わって、あきらめない山田君は追及する。

　うーん、とさらに専務は腕組みをして、唯一あるとすれば……と、ひとりごち、隣の店舗用の部屋で後かたづけをしていたタイル屋さんの名を呼んだ。

　久しぶりに現れた専務を前にしても、表情ひとつ変えないタイル屋さんに専務は恐る恐る尋ねた。

「そちらの今週の予定どうなってますか」

28　昭和のわびしい風呂場を格安リフォームする方法

　専務の苦肉の策はタイルの直貼りという方法だった。私がこだわり続けたタイルを汚れた風呂のタイルの上から貼るという、いわば極めて単純なアイデアだった。そうすればタイル屋の工賃とタイル代だけで済むし、老朽化した水道蛇口やシャワーヘッドは、ホームセンターで買ってくれれば1万円程で付け替えできる。お金も時間も節約できると、専務は私に説明した。

　タイルの上にタイルとは。

「本当にそんなことができるんですか」

　私は銭湯のような昭和の風呂場を、まじまじと見つめて聞いた。するとタイル屋のお兄さんが、材料がくれば4日で終わるはずだよと言った。だが専務は「2日で何とかあげてくれませんかね」と、粘る。

「で、費用はいくらかかるんでしょうか」

肝心な質問をする私をよそに、専務とタイル屋は予定をすり合わせ、ゴソゴソ交渉を始めた。

山田君はふたりにわからないように背後から近づいていって、話に聞き耳を立てている。ついさっきまではこれからどうなるのか、先が見えなかったのに、今はどんな色がいいだろうかなどと、次々と楽しいアイデアがふくらんでいる。人間は単純だ。創造する喜びは、何事にも勝る。

話をつけた専務が心配そうに私に聞いてきた。

「一番安いタイプの100角タイル、病院とか民宿に使ってあるみたいな、本当にごく普通のやつなら在庫があるというんです。色も白とベージュの2種類だけですが」

「つまり、それしか選択肢がないということですね」

「そうですね、しかもそれなら後ろにネットが付いてる。モルタルで下地を作った後に、どんどん貼れるので、材料代・工賃込みで、15万円でやってくれるということです。蛇口やシャワーヘッドはいくらもしないから、施主支給ということでいいですか」

150角など大きいサイズになると、ネットが付いていないため、職人が1枚ずつ切って目地合わせをやっていく。そのため、倍の時間がかかり、工賃も高くなるというのだ。

納期と予算を考えると、これしかない。前に別の工務店で聞いたユニットバスへのリフォーム費用の4分の1で済むのも助かる。そして何よりも、私がスコットランドから取り寄せた隠し種、ハイランドの風景が描かれている手描きタイルも貼ってくれるというし。

コッツウォルズの乳白色タイルより絵画的な要素が強いこのタイルは、半年前、インターネットで見つけて一目ボレした。ハイランドの小さな村にある工房で細々とスコットランドの空や海や島を中心に、タイルに風景画を描くアーティストがいると知って、すぐにオーダーした。

あまり知られていない工房だけに、船便で届いた小箱を開けた瞬間、ハイランドの風景を切り取って届けてもらったようなうれしさがこみ上げた。その中にはスコットランドの花、アザミやケルトの紋様を型押ししたものまで入っていた。

うれしくて家のあちこちに置いてみたが、どこもしっくりこない。すでに小さな家の交渉に入っていたあの頃、このタイルをどこに使えばいいかと思いめぐらせた。

無地と違って、絵画タイルを使う場合、場所を間違えると、ただうるさいだけで作品の素晴らしさも消えてしまうから、乳白色タイルのようにはいかなかった。そういう点で風呂場は絶好のギャラリーとなり得る。

だから、白い病院タイルであっても一向に構わない。いや、むしろその方が緻密に描かれたハイランドの風景を引き立たせてくれる。私は迷うことなく壁を白タイルに、洗い場の床を浴室床用の薄いベージュ色のタイルにしてもらった。

風呂場を改装するとあって、次の日も背広を脱ぎ捨て、汚れても良いというトレーナーとジーンズ姿に変身した山田君を伴い、吉祥寺の小さな家に向かう。

到着すると、すでにタイル屋の作業は始まっていた。今日はギャラリーに飾られた絵画のように、海を越えてはるばるやって来た、手描きのハンドペイントタイルを貼ってもらうのだ。ハイランドの空と海は、氷結したようなアイシーブルーで描かれ、白タイルの横に並べて風呂場で見ると、一層鮮やかに違いない。

実際に貼る前にタイルの裏に両面テープを貼って、壁にくっつけて確認する。

だが、何かが足りない。ここに水のような透明感のあるグラスタイルがあれば、さらにイメージは強まるのに、どんどん欲が出てくる。

作業にあたっていたタイル屋に、サンプル品の透明グラスタイルを見せて、これを浴槽のへりに貼って下さいと頼んだ。あいよという彼と共に、ありったけ並べてみると、惜しいことに1列分足りない。数合わせに白タイルを組み合わせてみても、いま一つピンとこない。

「むしろ、これじゃないですか。水のイメージのタイルは」

どこから見つけてきたのか、山田君がビー玉色のグラスタイルを持ってきた。ラグーンのさざなみ、ターコイズブルー。もしくはプールの水のような濃いブルーとでもいうような微妙な色だ。うわっこれだと、叫ぶ私にタイル屋は「それ1枚しかないよ。この前サンプルで持ってきたものだから」と、すげなく答える。

これから発注したのでは、せっかく組んだタイル屋のスケジュールには到底間に合わない。

「これと同じタイルは、どこに行けば手に入るんですか」

焦る私にタイル屋は「難しいね、でも、ひょっとしたら少々遠いけど国道沿いにあるショールームで手に入るかな。ただ今日中に持ってこないと施工できないよ」と作業を続ける。

「この現場が終わったら、俺は明日から埼玉で1週間拘束されるからさ」

その一言に、私は山田君を伴い外に飛びだした。タクシーを止めると、教えてもらったショールームに至急やってくれと、運転手を急かす。今日中に仕上げなければ、続きをいつやってくれるのか見当がつかない。すべてはこの家のイメージを継承するオリジナルな風呂場を再生するためだ。

専務も壁紙を調達しに建材屋へ走った。こちらも納品を急かすために、直接問屋の営業にかけ合うという。壁紙、ブラインド、建具などのメーカーは、しょっちゅう担当者が変わるため顧客管理ができず、専門の問屋に卸した後は受注発注など、全ての商品取り引きをまかせているということも、この頃からわかり始めた。

外は珍しく春のみぞれが吹き付ける、凍えるような午後だった。

タクシーで30分ほど走ったあたりの幹線道路沿いに目的のショールームはあった。カルチャースクールも併設された近代的な建物を見た時、余りにおしゃれなことに尻込みした。今も小さな家で施工を続けているタイル屋と結びつかない気がした。彼らはこんなハイソなビルからタイルを取り寄せていたのか。

ともあれショールームに飛び込んだ私は、山田君とふたりで片っ端からタイルを探す。モザイクタイル、クラフトタイルと、ガラスの瓶に詰められた色とりどりのタイルは、建材というより手芸素材のように思えた。ちなみにイギリス製のタイルは2枚で2万円以上もした。

店員さんはストックのあるものとないものがありますからと、血眼になりビー玉色のガラスタイルを探す私たちに声をかけた。

「ここにあるものなら、今日持って帰ることができるんですよね」

何の恨みもないはずなのに、語気が鋭い私に少し驚きながら、ええ、もちろんですと返した。私たちの横には、やはり何かしらの事情を抱えたような、袴スタイルのワイドニッカを穿く男性が、焦ってタイルを探していた。どうやら現場でタイルが足りなくなって飛んできた様子だった。

作業中なのか、服はホコリをかぶって真っ白だ。

「このタイル、もう少し欲しいんですけど」

角刈りで耳に鉛筆を差した典型的な職人が、気を使いながらお伺いを立てると、店員は面倒そうな素振りで「ですから、注文は営業に言ってもらいたいんですよね。担当誰ですか」と、見ていて気の毒になるような対応をしている。この人も色のきれいな10角の標準タイルを探しているようだったが、やはり白以外、ほとんどが廃番になっていると説明されている。

大手建材メーカーの主たる顧客が街の工務店や職人だとすれば、これはないだろうと思った。日本ではこれだけリフォームがブームになっているのに、タイル一つ調達するのに四苦八苦するというのは、あまりにリフォームの間口を狭めているように思う。

にわとりが先か卵が先かという議論かもしれない。だが、部材を得る場所がもっと潤沢にあれば、構えずに住まいを直してみようかと思えるし、家に対する愛着や満足度も上がるはずだ。ひいては成熟した住まいというものが、もっと私たちの身近に存在するようになるのではないか。

私たちはようやく陳列棚の奥にひっそりと並べられた、縦につながったビー玉色のグラスタイルを見つけた。

万が一、また何枚か足りないなどと言われたら、別のショールームまで走らなければいけない。探し当てたタイルを全て山田君と私は両手でつかむと、タイル屋さんに携帯から連絡して、いったいこの連結タイルが何本必要なのか、今すぐ教えて欲しいと言った。

時間との戦いでアワアワ状態の私に、「ちょっと店の人に代わって」と、タイル屋さんは店員となにやら交渉をしているようだった。その後、私たちがごっそりカウンターに並べたタイルをぶつぶつ数え始めた店員が、これで足りるでしょうと言った。

会計を待っている間に2階の化粧室を借りた私は、その見事なタイル装飾に恐れおののいた。外国製なのか、タイルの重厚感がハンパではない。色の組み合わせも多様で、実に温かみがある。タイルを取れば日本のどこにでもある普通のトイレなのに、この上質感は我が家の比ではない。

イギリス住宅がかもし出す夢は、タイルの力にあったのだと改めて気付かされた。

キッチン、バスルームなど、イギリス住宅の水回りは、リビングや寝室以上に美しい。洗う、つかるが目的の日本のユニットバスでタイルの出番はないが、イギリス人にとって、バスルームは居室のひとつなのだ。美しいタイル貼りの壁に絵を飾り、ネコ脚のバスタブを置いたバスルームが素晴らしいといわれるのも、リビングや寝室同様、バスルームに美しさとくつろぎを求めるからだ。

だがリフォームの現場を支える人達、専務や、ヨドバシ大工や、ハシゴに登って曲芸師のように珪藻土を塗る左官屋は、たとえタイルが白でも柄物でも、それによって生まれる住宅文化も関係ない。今日も畳をフローリングに替え、工期に追われてユニットバスを取り付けている。

ハウスメーカーや工務店が、施主の思いと職人の技能を汲み取って家づくりをすすめるのにその情報量の隔たりはあまりに大きく、それを埋める機会もないのが現実なのだ。

老朽マンションのリフォームに始まり、老朽家屋と、立て続けにリフォームの現場に立ってみると、施主と業者の感覚の違いがどこからくるのかがしみじみとわかってきた。現場の職人らは引き渡し日のつじつま合わせに追われ、広い意味での住まいを考えることは二の次となっている。

一方、夢をつのらせる施主は、雑誌を切り抜いたり、モデルルームを回ったりと、たっぷりとった学習期間で専門家以上の情報を蓄えていく。本気で生活を考える者と、現場、事務所、問屋をグルグル回る業者が異なる住宅観を持つのは当然だ。

もちろん、建築家、インテリアコーディネーターは住と生活文化のつなぎ役だから、施主に近い発想が持てる。そんな彼らとて、自分で作業するわけではない。最終的な決め手は職人の腕と感性によるのだ。

何とか3時のお茶の時間に戻ってきた私たちの戦利品を見て、タイル屋さんはよく見つかりましたねと、腰を上げた。

「さあ、仕上げにいきますか」

と、張り切る山田君。

風呂場と同じく、もともとのさえないタイルの上に、御影石のタイルを貼った玄関の細かい段差を見つけ、「ここにも何か貼った方がしまる」と、タイル屋さんから分けてもらった接着剤のモルタルをつけると、嬉々として余りタイルを貼っていった。

狭い浴室にとりかかる私たちもタイルの組み合わせに集中していた。

「ちょっと透明のヤツとか、真っ白の余り物を散らせば、このブルーが引き立ちますよ。見て下さい」

タイル屋さんもデザインに知恵を絞る。今だったら何なりと変更できますから、よーく確認してとヤル気に満ちている。

「ようし、もうひとひねり行きますか」と、私は壁に貼った10角タイルを1枚外し、ブルーのグラスタイルと小さな白タイルをそこだけ市松に並べてみた。

そうこうするうちに、まるで冷たい水が飛び散ったようなイメージの、それはそれは美しいギャラリー風の浴室が完成した。

いいですねー。これがあの汚い昭和の風呂場だなんてと、山田君は興奮気味にシャッターを切っている。

「服に付いたモルタルはさっさと取って下さい。あとあとやっかいですよ」

現場を終了したタイル屋さんも、すっかり満足した様子。私たちの労をねぎらうべく、俺は今日で上がりますが、もし使うならこれ置いていきますと、タイルを切る断裁機、ホコリにまみれたタイルカッターを置き土産に帰っていった。

29　出入り業者に手を借りる

浴室のタイル工事が終わると小さな家にクロス用の糊付け機を持ち込んだ専務は、「頑張って貼ってしまわないと、照明が取り付けられませんから」と、血相を変えてロール状のクロスを、機械にセットした。

その後、曲芸師のように2階の古民家さながらの太い梁に馬乗りになったり、階段下に脚立を立てるなどして、アシスタント従業員とふたりで古い天井クロスをはがした。クロスを貼った表面が、デコボコしないように隙間を埋めて平らにする、天井のパテ塗り作業は危なっかしく、見ているこちらもハラハラした。

2階の和室の襖も、夜遅くまでかかって専務に手ほどきをうけ、みんなで貼り替えた。壁と同じアイボリーのクロスを、空気が入らぬように丁寧に貼った。その方が新たな襖を作るより、はるかに安いからだ。

愛知の栄伸木工所に特注した手まりのような照明は、普通の4畳半に和紙の力で京の町屋のような奥ゆかしさを出してくれた。唯一残したこの和室はこの家で一番眺めが良く、一番好きな場所になった。郷里の父が泊まりたがるのはきっとこの部屋だろうと、テレビ線も追加した。

同時進行で職人や建材屋が次々とやってきて、滞っていた作業に着手するので、その交通整理だけで私はクタクタになり、狭い家は大混雑となった。それでもこれまで停滞していたツケが回り、人手は足りない。

「鏡入りますよー」

威勢のいいパンチパーマの建材屋さんが洗面所と風呂場の鏡を持ってきた時など、帰ろうとする彼を「すみませーん」と、脚立の上から専務がかすれた声で呼び止めた。パンチパーマのアンちゃんが「そんなぁー」と専務に何か言っている。

2階でペンキ屋さんと壁面に作り付けた本棚の色を打ち合わせしていた私は、何事かと階段を下りる。すると、専務に拝み倒された建材屋さんが、車から次々と工具を持ち込んでくるではないか。

「申し訳ありませんが、この方が強力なドリルを持ってますので、何なりと命じていただけませんか。今日は手伝ってもらいますので」

そう言うなり、専務は再び脚立によじ登ってパテ作業を続行する。

「ブロック塀に穴を開けたいんだって。どこ？」

パンチパーマのアンちゃんは私に確認すると、珪藻土で塗り固められたブロック塀にギャワーッと、けたたましい音と共に穴を開けていく。届いたばかりのポストを取り付けるために。

「建材屋の前はひとりで工務店やってた男だから、ひと通り何でも出来るんですよ」

彼と親しいという専務のアシスタントが教えてくれた。

ハンギングバスケットを吊り下げる鉄製のフラワーハンガーや、アンティーク風プレートなど重量のある部材を、ハードなブロック塀をものともしないパワードリルで、ギュワッ、ガガッと、どんどん外壁にも留め付けてゆく。まるで手品師のようにどんなものでもお安いご用と、さばけた仕事ぶりに脱帽した。

「参ったなぁ。納品先でこき使われるなんて。でも、専務には散々取り引きしてもらってるから、やってやるよ」

と、パンチパーマの彼は、その日ずっと付き合ってくれた。

行き当たりばったりの人手補充大作戦。

相変わらずあちこちの現場を掛け持って、応援大工までが飛び回る中、遅れた引き渡しを何とかするために、全員総出で作業しなければ、あと何ヶ月かかるかわからない。

連日深夜までかかるクロス貼りに、愚痴も言わず山田君は付き合ってくれた。

気が付けば彼は、どちらの社員かわからないほどの事情通になっている。

夕方になると外部の職人が店じまいするため、その後は山田君が脚立の下に待機して、専務が使った糊の付いたスポンジを真水で洗ってはまた渡す。時には、天井からたわんで落ちてきそうになるクロスを、作業する専務の代わりに押さえるのも彼の役目となった。

「あいつ、まるで弟子入りした新米職人のようですよ。差し入れは専務の好きなBOSSの缶コーヒーにしてくれというし。おかげで編集部じゃ前よりキビキビ働くようになったから、文句も言えないけど」

様子を見がてら、自らも建具のクロスを貼る上司とともに、家づくりの効用を認める私たちだった。

実際、これまで彼はさまざまなリフォーム業者について記事を書いたり、インタビューをまとめるなどの仕事をしてはきたが、家がどんな風に改装されていくのか全く見えていなかったらしい。マンション購入も他人事という賃貸生活派だったゆえ、生まれて初めてリフォームの全容が見えた喜びと、現場仕事の面白さに生き生きしている。

そうこうするうちに4月も終わりにさしかかった。

凍てつく冬を通り越し、よく晴れた日はシャツ1枚で作業できるとあって、早朝、現場に向かう足取りも軽くなる。

狂乱花見の人混みがいったん引き潮のように消えるこの時期。吉祥寺の春から初夏への移り変わりを楽しもうと、新緑に花の香が合わさったような匂いが満ちた、井の頭公園や商店街を、住人達はそぞろ歩く。

ある朝、いつもは通らない住宅街をジグザグに歩いて抜けようとすると、また新しい店を発見した。

普通の木造戸建ての前にぽつんと立つ看板。「パウンドケーキ有ります」と、手書きの紙が貼ってある。1階の道に面した窓に引き寄せられ「ごめん下さい」とサッシの窓を開けると、かっぽう着姿の女性が奥の台所からお盆にのせた、焼きたてのパウンドケーキを運んでいる最中だった。

ネットやメディアに露出しない小さな商いを見つけるたびに、たまらなく胸がときめく。深く話し込んだ訳でもないのに、この街を選んで、住み続けようとする人の大らかな意志を感じるせいか。

職人さんのお茶うけにとゴマ入り、ハチミツ入りとあれこれ品定めする私に、「ご希望なら、お誕生日のケーキも焼きますよ」と、その女性はチラシを渡してくれた。

私の家よりもっと年季の入った古いこの住宅は、窓の周りだけをペンキで塗って、緑色のひさしを付けている。こういう簡素なやり方もある。

そこに好感を持った。

そして希望も見えた。

小さな家が完成した暁に、カフェを始めるなら焼き菓子をお願いしてみようか。

気を付けないと、へこんでしまいそうな、ほんのり温かなパウンドケーキは、食べると濃いバターの味がした。

私も負けてはいられない。

30　トラックの荷台に隠された照明

幸せな気分は再びダウン。数日で片が付くはずだったクロス貼りは、糊が足らないと専務が仕入れに出たり、色番違いのクロスが届いたりと、ゴールデンウィーク前の引き渡しにも影を落としている。

何より電気工事に必要なダウンライトなどの照明器具が、いつまで経っても現場に届かないことが更なる不安をあおった。この間、何度も出向いてくれた電気屋さんは、私が買ってきたゴシック調のシャンデリアを、早々と梁に取り付けてくれたため、すぐに手持ちぶさたとなっていた。

明日作業できなかったら、当分見送り。別の現場が入ってるから無理だよ。何度も肩すかしをくらった几帳面そうな電気屋さんは、ついに上司へと矛先を向けた。

「専務にも言いましたがね、今度来るときまでに照明を揃えないと、私、知りませんからね」

かなりご立腹だ。

短気な上司は2台の脚立の上に板を渡し、その上に立って山田君と天井のクロス貼りをしている専務を追及した。

「何でこっちが文句言われるんだか。残りの照明を全部持ってきて下さいよ。会社にあるんでしょ」

すると専務は会社ではなく、電器店に届いていると釈明した。

「電器店ですか。昨日も同じことを言っていましたよね」

私がにじり寄ると、さらに小声になる。

「納期がずれて今晩になったんです」

「今晩って、何時になるんですか」

かなり不審だ。

専務は頭をかきながら、夜中の12時に取りに行くことになっていますと言った。

「あ、わかった。ドンキに買いに行くんでしょ。その方が安いから」

クロスを押さえつつ、脚立の高みから山田君が口をはさむ。

「いえ、そんな。れっきとした電器店です」

専務の声はほとんど聞き取れない。ついに上司は怒りだした。

「冗談じゃないですよ。どこの電器店に取りに行くんですか」

すると専務は、誰もが知る大手家電量販店の名を挙げた。だが、疑い深くなったこちらは住所を聞きだして、すぐさまiPhoneで閉店時間を調べた。

「この町のY電機は9時までですよ。12時だなんてごまかしてるんですか」

私とて引けなくなった。

「めっそうもない。責任持って、今晩必ず引き取りますから。何ならついて来てもいいですよ」

そう言うと、専務はふたたび山田君からスポンジを受け取る。こんなやり取りなど日常茶飯事なのか、アシスタントの男性は物も言わずクロスの継ぎ目をコーキング材で埋めている。

上司は私を廊下に呼んで、ここまで来たら僕の車で電器店に同行しましょう。12時までやっているY電機など、彼が言う町にはないですからと、耳打ちする。

私もその提案に同意した。

その夜、11時まで作業をした私たちは、山田君を帰すと車に乗り込み、夜の街道を専務の車の後を付けるように一路郊外へと走った。

「山田が言ってましたけど、工務店って問屋への支払いが遅れると現金買いになるそうですよ。通常の掛け売りをしてくれなくなるみたいで」

車は吉祥寺を離れ、見知らぬ住宅地を右に左に進んでいく。

「恐らくそうなってるんでしょうね。それにしても私たち、どこに連れて行かれるのかしら。ひょっとしたら危険な目に遭わせられるかも」

「大丈夫ですよ。山田には事情を話してますし、何かあったら編集部にも伝わるようになってますから」

ダマされるかもしれないし、撒《ま》かれるかもしれない。そう考えつつも、私は真剣だった。探偵のまねごとをして、カーチェイスの果てにふり切られたとしても、小さな家の完成まであと一歩なのだ。何としても全ての照明を付けてもらわねば。

その中には店舗の窓から見える隣家の迫り来る古壁をさえぎるため、植栽予定の木のたもとを照らす外灯も含まれていた。

専務の車が次第にスピードを落とし、畑を横切り、一方通行の細い路地を入る。防風林のように横一列に並ぶ木々が、夜風で不気味にざわついている。

「やっぱりハメられたか。こんな所に問屋などあるわけがない」

上司が目を凝らした次の瞬間、塀の途切れたところから、古びた倉庫が見えた。いや、倉庫に見えるが、れっきとした会社のようで、Y電機という量販店と同名の手書き看板が掲げてある。照明器具の問屋のようだ。

車を停めた専務は、私たちが降りるのを確認すると、暗闇の中に並んで停まっている大型トラックに向かって歩き出した。

「4号車、4号車はどれかな」と、ぶつぶつ言いながら。

やがてその中の1台を見つけると、幌を開けて荷台をのぞき込み、中を確認している。

「何してるんですか」

と、尋ねる私の声は届かなかったようで、「ダウンライトがいち、に、さん」と、上半身を幌の中に突っ込んだまま何やら数え出した。

「照明、来てるんですか」

上司は待ちきれず、トラックの荷台に足をかけると専務がのぞく幌をめくった。私も同時に顔を突っ込む。

すると、そこには私の名を書いた段ボールが積み上がっているではないか。パナソニックと読み取れた。家に納品されるはずの照明器具だ。

専務の言ったことは本当だった。そんなことより私は、真夜中にトラックで商品を受け渡している想定外の事実に驚いた。もし、商品が盗まれたらどうするんだろう。人っ子ひとりいない畑と防風林に囲まれたこんな場所で。これが問屋と工務店の受け渡しなのか。

私も上司も開いた口がふさがらなかった。

落ち着いて辺りを見回すと、他にも職人らしき作業着姿の中年男性が、参っちゃうなぁと言いながら、連れ合いとトラックから何やら荷物を運び出している。

引き渡しに間に合わせるためか。あるいは特別な事情があるのか。こんな夜中まで業者が動き回って、必死の思いで商品を受け取っているなど、聞いたこともなかった。

「問屋1番、メーカー2番」という常識。

明日も早朝から現場に向かう彼らにしてみれば、材料がなければ工事が進まない。人手不足から、昼間は現場に張り付く零細工務店は、「期日」と「クレーム」という二大プレッシャーから逃れられず、メーカーを牛耳る中間業者の問屋に頭が上がらないのか。

すでにロンドンでもリフォーム工事を経験した私にとって、この事実は驚きだった。

夏、冬のセールでキッチンや床材などの設備や建材が、服や靴と同じように半額にデイスカウントされるイギリスでは、人々はセールに合わせて合理的に住まいをリフォームする。

このように日曜大工でボロ家を何とかしようと国民総出でリフォームに取り組めるのは、専門業者を通さずに、職人も、施主も、皆が欲しい家のパーツを自由に買うことができるからだ。外国人の私でも、ロンドン郊外にある業者専用の問屋に出向き、照明やタイルなど直接資材を調達できた。コストも、時間も、全て自主的にコントロールすることによって、大金を使わなくても理想の家は作り出せるのだ。オープンな価格表示ゆえ、イギリスの職人は部材に大幅な手数料をのせることができない。また、たいていの大工仕事なら自分でやってしまうイギリス人を相手に、施工費そのものをつり上げることもできない。

そこで職人たちは差別化を計るため、しょっちゅう壊れるボイラーの修理や、公的証明のいる電気、ガス関係の技師としての資格を取る。あるいは築100年、200年の骨董的老朽住宅に対する知識や誠実でフレンドリーな人柄を決め手とする。

イギリスでは住宅の資材、設備などの市場も開かれているうえ、一般人の建築知識や技術もプロ並みとあって、日本のように家づくりが特定業者の独占的な領域であり続けることは、あらゆる角度から見ても成立しづらいのだ。

専務の代わりにお使いに出向いた日本の問屋では、「直接施主さんに来られては困る」と、かたくなに拒まれた。「うちは口座のある業者以外には何もお教えできない」と。

業者が資材に手数料をのせる以上、施主に原価を知られたくないのは当然だろう。加えて、そのような商売が成立している限り、メーカーは面倒のない問屋に卸し、小さな工務店は決められたルーティンの末端で取り引きをするしかないのだろう。

この夜の一件は、日本の住宅業界に培われたある種のパワーゲームを少なからず露呈した。

テレビや雑誌で宣伝される豊かな住まい。最新モデルのキッチンや、照明や、トイレが我が家に届くまでの長い道のりで、コストは上がり、その結果「家は高いもの」「費用をケチれば安普請」という常識は、依然まかり通っている。

日本はデフレとなっても「家は高い」。「新築購入」をあきらめ「リフォーム」にシフトしても、「家は高い」ままなのだ。その根底に張り巡らされているのは、垣根のような専門性とそこにうごめく利権であり、戦後から続く、家は高級消費財でいずれ価値がなくなることを前提に、設備や部材を販売する住宅産業のあり方なのだ。

私たちがその垣根を打ち破るには、柔軟な職人を見つけ、自らも工事に立ち会うことで、家づくりは料理やガーデニングと同じ、特殊なものではないと、理解するところから始まる。

住宅問題を人権問題とする欧州や、古い家を修理して価値を上げるアメリカなど、世界に目を向ければ、家はとっくに個人のエンターテインメントとなり、財テクであり、人生の土台となっている。

彼らのように家を知り、楽しむことができれば、私たちも「家は高い」という呪縛から解放され、住まいが生み出すリスクや重責さえもコントロールできる日が来ると思える。

「すみませんが、手伝っていただけますか」

ガサゴソやっていた専務は、荷台から段ボール箱を上司に渡そうとしていた。

外灯もない暗闇の中、私たちは黙々と専務のワゴンに照明を詰め込んだ。

「まるで泥棒のようですね」

上司は落ち着かない様子でキョロキョロと周囲を見回していた。

全て作業が終わると、専務はお手間かけてすみませんでしたと、口数少なく頭を深々と下げ、エンジンをふかして帰っていった。

真っ黒な木立の中に消えゆく猫の目のようなテールランプ。

時計を見るとすでに1時を回っていた。

やっとの思いで照明を手に入れて緊張の糸が切れた私は、遅い夕食を取るべく上司を伴い、近くのファミレスに向かった。

深夜のトラック受け渡しのような綱渡り的な出来事は一難去ってまた一難と、その後も繰り返された。

納品されるブラインドを玄関横のウッドデッキに置いて帰ってくれるよう、何度も問屋に直接頼み、ＦＡＸを送った。にもかかわらず、メーカーから委託された配送業者は、一瞬、専務が用事で現場を離れた隙に、置き手紙もせずに郊外の集積場に戻ってしまったのだ。一足違いで現場に着いた私と上司は、ブラインドが届いていないとオロオロする専務の横で、配送業者に問い合わせ、事の顚末《てんまつ》を知った。

すでにブラインドの納品日は何度か変更になった上、サイズ違いのものが届くという経緯もあった。けれど窓口となった問屋の対応はずさんで、地団駄を踏んだ。

ドライバーの携帯に電話をかけ、今すぐ戻ってきて欲しいと頼むも、すでに倉庫に戻るトラックは高速の手前まで走ってしまい、無理だという。しかも今度いつ配送できるかわからないとの返答に、私たちは車を飛ばし、ドライバーに指定された幹線道路沿いのバス停まで、届くはずだったブラインドを追いかけた。

そうして、ようやく見つけだしたトラックの荷台からブラインドを何箱も引きずり下ろすと、ふたりでヨロヨロしながらこちらのワゴン車に積み込んだ。

作業は日を追うごとにますますヒートアップされていった。

全員総出の作業によって、薄汚れた壁紙は私が選んだ凹凸のあるアイボリーのクロスに変わり、小さな家のあちこちに磨りガラスから射し込む陽の光がそのやわらかい白さに反射して、シンプルながらも品のある空間となった。

イギリスのリフォームでは、まず、何をおいても壁と天井をスタンダードな白に塗れといわれる。万人が好むニュートラルな色は、客人も住人も、売る時も貸す時もハズレがない。この家ではクロス、ブリック、タイル、ペンキと素材を変えて白い壁を作った。また、同じ白でも真っ白からアイボリーまで、白色に少しずつ黒と黄色を加え、3種類の白色を作ったことで温かさと奥行きが出た。

キッチンと店舗にはアルミ製の傘の照明を吊し、そこはかとなく昭和の雰囲気をとどめた。それがペンキを塗った粗いブリックの白壁に、思った以上に似合っている。

また、迫り来る隣家の壁と窓が見えるという眺望の問題も見事にクリアした。まず、2階の窓は1枚500円の透明波板を鉄格子に留め付けることで、光を遮らない目隠しが出来た。子どもの頃は、屋根や外壁と、どこにでもトタンの波板が使われていた。雨が降ると鉄のトタンはやかましく、トタンは貧しさの象徴にも思えた。今は使う人もめっきり減って種類も少なくなったというが、部材として外壁に合わせると、安い上に見映えもいい。

また、店舗にある隣家の古壁と小窓しか見えない腰高窓は、計画通り通路に何本かのソヨゴの木を目隠しに植え、その下からライトアップするようトラックから引き取った外灯を配した。こうして狭く薄暗い隣家との間の通路は最大の見せ場となったのだ。ようよう小さな家が完成したのは、商店街の店先に明るい色の日傘やサンダルが並ぶ6月、工事を始めて5ヶ月目のことだ。

山田君が撮りためた写真は、アルバム10冊分にも及んだ。

かくして、吉祥寺の片隅に「昭和」と「コテージ」風情を併せ持つ、終の舞台が誕生したのだった。

暗くなるのを待ち構えていたように、山田君が店となる洋室に皆を集めて点灯しましょうと言い出した。まるでバースデーケーキにろうそくを灯すような気分だ。自ら植栽した専務とそのアシスタントは、「まず、部屋の電気を薄暗くして下さい。そして、何気なくブラインドの羽根を広げるんですよ」と、もったいぶって窓の横に立った。そうしてまるで芝居でも見せるかのようにゆっくりとブラインドの羽根を動かし、皆が固唾を呑む中、外灯のスイッチを入れた。

すると隣家の壁にソヨゴの木が幻想的に浮かび上がり、全員「ワオー」と、歓声を上げた。

「まるで影絵だ――」

昼間は見栄えが悪い、狭小住宅最大の欠点だとさんざん罵倒されていた窓の向こうには別世界が広がった。

東京スカイツリーがライトアップされてもこれほどの感動はないだろう。

「これこそ僕がイメージしていたおうちカフェですよ。ここにテーブルを置いて、夜通しちびちびやりながらお客さんと語り明かす。できるならここでマスターになって、お客さんにジャズを聴かせてコーヒーを淹れてあげたい」

山田君は、今まで抑えていたものを吐き出すかのように一気に喋り始めた。

すると上司は、南側にせり出したウッドデッキに続く窓を開け、俺ならここにデッキチェアを置いてビールを飲むだろうな、この空間も使わないともったいないよと、ウロウロ歩き回った。

この時をどれほど待ち望んだことか。

すっかり肩の荷が下りたような専務は、「いやもう、この家なら、どんなご商売でも成功すると思いますよ」と、いつものもみ手でペコペコしていた。

会社帰りに立ち寄ったという娘は、玄関に入ってくるや「サザエさんの家だ」と奇声を上げた。「磯野家ですか。そうかなぁ、もっとマシな言い方あるんじゃない」と不服そうな山田君に「どっちでもいいさ。お前が作った家でもあるんだからな」と、上司がねぎらう。得も言われぬ優しさが家のあちこちから降り注いできた。その途端、老朽家屋に目に見えない明かりが灯ったような気がした。

カメラバッグを肩にかけた山田君は、ペンキを塗った白いブリックの壁を「やっぱり塗って良かったですね」と、名残惜しそうにいつまでも撫でていた。

おわりに

故郷長崎から上京してもう30年以上の月日が経つ。リフォームに明け暮れた日々は500万円の老朽マンションに始まり、ロンドンの拠点築120年のフラット、吉祥寺、商店街裏の小さな家にてひとまず幕を下ろした。完成した「小さな家」に、娘と共にイギリスや日本の田舎で見つけた古道具や家具などを少しずつ持ち込んでは、ゆっくりと、おうちショップ開店の準備を始めている。

こだわりのマイホームを建て、イギリスに拠点を探しながらも、私は自身の後半生に何ができるのか、これまでのキャリアをどう社会に還元していくのか考えてきた。その問いかけの答えとして、行き着いたのが「老朽戸建ての家づくり」だったと思う。

吉祥寺に散らばる個人商店の、その多くがじきに取り壊されるであろう老朽家屋やビルであると知るたびに、私ならここをどう活用するだろうかと思い巡らせた。

この前までは閉店していた食堂や理髪店が、気が付けば行列のできるカフェや雑貨店に生まれ変わる。そのたび、先を越されたくやしさに居ても立ってもいられず、不動産屋に駆け込んだことも数知れずあった。

そこには自分が選び取った街へのこだわりもあった。

年代を超えたいろいろな人に、住みたい街を選ぶ基準を尋ねると、「公園」や「病院」と並んで、「商店街」が挙がる。それは不動産のチラシに載っている「毎日のお買い物に便利」だからではなく、商店街がかもし出す文化や、活力や、気のおけないやりとりが、人をひきつける豊かな生活の基盤になっているからだ。

伊勢丹が撤退し、駅ビルのロンロンが消え、その跡地がどこの街にもあるようなショッピングモールに変わった後のこと。武蔵野市で22年間市長を務めた土屋正忠氏に会いに行った。

アーケード地下のほら穴のような喫茶店で向き合い、吉祥寺が原宿や下北沢のような若者の観光地になっていく気がすると訴えたところ、「確かに奥行きがなくなった」と、うなずく土屋氏とこれからどうするべきか話し込んだ。

この街の住人として吉祥寺を支える古くからの店には、何としても生き残ってもらいたい。どんなにカフェやスウィーツがもてはやされようが、喫茶店や甘味屋が一軒もない街には住みたくない。リフォームを完成させてからは、街の歩き方もすっかり変わり、資本力のあるチェーン店より、多少高くても細々と頑張っている個人商店の店から日用品を買ったり、客足の途絶えがちなレストランにわざわざ入っては、店主とよもやま話をしつつ食事をしている。

地元に還元されるよう考えながら、お金を使うようになったことも、この家のおかげだろう。

少子高齢化が進み、家がますますダブつく日本で、街との関係、街とのお馴染みさん感覚が、家選びの条件になることは間違いない。

リーマンショック以前は、自然の中で暮らしたいという「田舎暮らし」や「都心居住」がもてはやされていたが、ふたを開けてみると意外にも、沿線の駅近マンションに住み替える人が最も多かったというデータもある。

地元が一番という考えは、メディアがどんなに騒ごうとブレてはいないのだ。

さて、はらはらさせられ続けた今回のリフォームだが、A工務店の専務およびスタッフは、引き渡しも早々に、他の現場へ駆り出されて行った。最後まで姿を現さなかった大工の星さんは、体調不良で引退したらしい。

「最初はノロノロ、後パッパ」がリフォームの流れだというが、今回ほどドタバタ続きだった現場はなかった。

新築住宅の着工件数が減る中で、ますます注目される中古住宅とリフォームだが、A

工務店など、その市場を支える零細工務店の実情に巻き込まれるうちに、日本型リフォームが抱える問題点に直面した。

日本では依然、「家」が業者のビジネスとして成立するよう、あらゆる門戸が閉ざされている。

本書でも触れたイギリスをはじめ欧米諸国のリフォームは、ハイヤーショップと呼ばれるレンタル屋で、コンクリートミキサー、道路に穴を開けるロードドリルなど、家づくりに必要なあらゆる工具を借りて、友人や夫婦で、あるいは職人の手を借りてバスルームを追加したり、屋根裏を増築したりと、ごく当たり前のように大がかりな工事に挑戦する。

また問屋では、一般人から職人までが取引口座など開かずとも、配水管、雨どい、床材、窓、キッチンまで、卸値で工事に必要なものが全て買える。ホームセンターで販売されている室内ドア、床材、キッチンの価格も問屋並みに安い。

そのためか、材料にも手数料を乗せる日本の工務店の方が、イギリスの業者に比べ、ビジネスとしての効率は良く思える。だが、日英両国のリフォームの頻度を見るとそこには歴然とした差がある。

イギリス人は、暇さえあればペンキを塗ったり、戸棚を取り付けるなどたえず家に関わろうとする。また、直すことで中古住宅の資産価値が上がるという大前提があるため、リフォームや、ひいては中古住宅が、日本では考えられないほど価値ある社会資産を形成している。

その点、私たちにとってリフォームとは、家を建てることに限りなく近い、シビアな覚悟が要る。直して良くしようとしているのに、「欠陥工事」におびえ、おいそれと業者に口を挟めぬまま「追加費用」を請求されるなど、つい身構えてしまう。

こういった背景には、本書でも触れた中間業者だらけの閉鎖的な流通形態や、旧態然とした住宅産業のあり方が影響していると思う。住宅業界の不振を憂うなら、日本もリフォームそのものをもっとわかりやすく、手軽なものにしなければ、結果的には業界につらなる人たちの生活も安定しない。

工事の最中、不動産会社を立ち上げたという青年に、「知り合いのコネで大手問屋に口座を開かせてもらえそうなんです。そうなったら、キッチンやユニットバスも手配できますよ」と、嬉々として告げられた。A工務店の社員に付き添って出かけた問屋で、特定業者以外お断りと言われたばかりだったので、それは助かりますと言ってしまった。だが、よくよく考えてみれば、業者を通さなくては欲しい住宅のパーツが手に入らないこと自体おかしなことではないか。タイルのショールームでの出来事や、深夜のトラックで照明器具を引き取ったエピソードは、閉ざされた業界の一面を如実に表していると思う。

在日外国人は古い日本の家屋に魅力を感じ、自国同様、自らリフォームしようと試みるが、腕はあるのに部材が高い、本格的な工具が手配できないとストレスをため込む。結局彼らとて、何らかの形で業者を絡ませなければ、腕を発揮できないのが現状だ。

家を直すことは、服を繕うぐらい日常的なことなのに、先進国の中で日本だけが、家づくりが特殊なものになっていることは、残念でならない。

住んでいるだけで地価が上昇を続け、資産が増えた高度経済成長期の象徴「新築持家神話」によって、中古住宅はローン条件、税制面で新築ほど優遇されてこなかった。だが、ここにきて政府も住生活基本法を2006年に制定し、「良い物を作って手入れをし、長く使うストック型社会」を呼びかけている。

本書に記した「住宅エコポイント」や、中古住宅の評価を決める住宅履歴情報蓄積システムの整備、中古住宅を対象とした保険制度の導入など、日本もようやく中古市場固めに本腰を入れ始めたと思える。

とはいっても、日本人が欧米人並みに中古住宅を受け入れるかは、今後、古い家を正当に評価する市場ができるか否かにもかかっている。30年で資産価値がゼロという、先進国きっての「建てては壊す」悪習を抜けだし、「直して住む」メリットを実感できる環境が整えば、中古住宅のニーズはますます高まり、誰もが理想の住まいを持てる日も来るだろう。

30年後には日本の空き家率が40%を超すといわれる中、東京の空き家は約82万戸あるとされ、今もって毎年3000戸ものペースで増え続けている。これらの家は、1970年代、杉並、世田谷など人気の住宅地に競うようにマイホームを手に入れた地方出身のサラリーマンが所有していた住居も多く、核家族化、高齢化、人口減少が進み、メンテナンス、相続トラブル、税金逃れと、さまざまな理由から人が住まなくなったといわれる。

吉祥寺を含めた武蔵野市も、2015年には住民の約22%が65歳以上となり、ひとり暮らしの高齢者が増えた。そうなると、リフォームも売却もままならない中古家屋が、中央線随一地価が高いといわれるこの街の中心部でも、無縁社会の残骸として手つかずのまま取り残されるかもしれない。

すでに2004年6月から施行されている武蔵野市の条例では、敷地が100平方メートル以上ないと建物が建てられず、事実上、住宅用地の切り売りは禁止されている。ギリギリセーフの敷地30坪となれば、時たま出てくる建て売り住宅も7000万円前後という値が付き、業者主導の画一的なデザインの物件が圧倒的なことは否めない。

そういった中で、相続物件や投資用の売り急ぎなど、何がしか事情がある物件もマイホームの選択肢に入れれば、今後、中古、老朽物件が放出される確率が極めて高い人気の街できっと理想の住まいは持てるはずだ。

この好機を生かすために、私たちも中古住宅を見極める目と、業者まかせにしない住宅の基礎知識を身につけなければならない。

人の一生は長くなった。

これから人生で一番旨味のある50代に突入する私も、設備の整ったケアハウスや有料老人ホームに入居するより、できるだけ長く好きな街に暮らして、幸せな刺激を受けていきたいと思っている。こうした新しい住宅の選び方、作り替えが広まれば、長い人生、私たちはますます楽しく生きられるに違いない。

ところで、工事中幾度となく、幼少期に暮らした長崎・銀屋町のひなびた商店街を、思い出していた。

引き渡し後の夏、この家に郷里から父を呼び寄せ、1週間ほど共に過ごした。昼間、ひとりで買い物に出かけた父は、夕飯の材料から鍋やバケツまでを買い揃え、夜毎キッチンに置いたテーブルに並べてそれらを私に見せては、「駅まで出なくても、この近所には何でもあるなぁ。古い店もある昔の銀屋町のように楽しいとこだなぁ」と、過去を懐かしむ。

再び強烈に子どもの頃の情景がよみがえった。

自分がおうちショップにこだわり続けたのは、両親と過ごした商店の2階という古い住まいや、家を取りまく商店街がいまだ自分の中心にあったからだ。この老朽家屋をよみがえらせることは、幼少培われた自分の原点にたどり着く道のりだったのかもしれない。

名実共に終のリフォームで再生した「小さな家」だが、東北関東大震災の時にも、野太い梁が落下したのではないかと、気が気ではなく飛んで行った。だが、キッチンに並べたガラスのコップや2階の棚に置いたテーブルランプまで、何一つ倒れてはいなかった。それが工事の際、2階の吹き抜け洋室の隅に打ち付けた火打ち金物《かなもの》や、梁が交わる部分に留め付けたL字金具の効果だけとも思えなかった。

「真面目な大工さんが手抜きせず建てた家」と老朽家屋を評した星さんらの言葉は、くしくもあの巨大地震にも耐えたことで実証されたのである。

本書は2009年に刊行され、多くの方に読んでいただいた『老朽マンションの奇跡』に続くノンフィクションだ。執筆にあたっては新潮社の秋山洋也氏に並々ならぬご協力とアドバイスをいただいた。
この場を借りて深くお礼申し上げます。

2011年春　吉祥寺の小さな家にて

井形慶子

文庫版あとがき

とりつかれたように書いた『老朽マンションの奇跡』（新潮文庫）に続き、本書を送り出して4年がたつ。

単行本の帯には「中古住宅再生ドキュメンタリー」と銘打ってあった。改めてゲラを読むと、本書は一軒の老朽家屋と格闘する一施主の実録であり、その中に街、小商い、工務店、問屋、住宅業界のあり様がクロスオーバーしている。

あの頃の私は、ロンドン生活の第一歩を踏み出しながらも、自分のこれからを必死で模索していた。50代に入り、やれることは今のうちにやらないと、とばかりに焦ってもいた。ロンドン・ハムステッドと、吉祥寺の工事をほぼ同時にスタートしたのも、「今しかできない」「今だからできる」と、何かに追い立てられていたからだろう。

でも何に？　自分の老いか。健康や経済力か。それらはやがて細ってゆくと感じた。その時になって「しまった！」と後悔しないようお店開店の足がかりを探ったのだと思う。

だからこそ、思い描いた商店街の近くに、くだんの建て売りを見つけた時は興奮した。今でこそ1%を切る住宅ローンは珍しくない。だが、定金利が出始めた当時、0・875%という金利は夢のようで、「これじゃタダで借りるようなもの」とローンを推した銀行の担当者も自信たっぷりだった。

20代から中古マンションを住み替えるたび、返しても返しても目減りしない残債は、立ちはだかる壁のようだった。だから、おうちショップのために見つけた無理のない住宅ローンはまるで宝くじに当たったかのようだった。

工事中は、毎日、図面や部材カタログをチェックしつつ、幸せなエネルギーが湧き上がった。ドタバタ劇の中でみすぼらしい老朽家屋が命を得てよみがえっていった感動は私ばかりか、いつか店を持ちたいと考えていた上司や山田君らスタッフにも伝染した。予期せぬトラブルの連続に施工業者を替えるか――という問題にも突き当たったが、何とかおうちショップは完成した。

あれから時は流れ、店のオープンまであと数歩のところにきている。『いつかイギリスに暮らすわたし』（ちくま文庫）のように「いつか吉祥寺で小商いを」の構想は少しずつ現実味をおびてきた。

その先駆けとして、数年前から吉祥寺商店街のはずれに建つ古いギャラリーで展示会を開始。

「小さな英国展」と名付けたこのイベントが始まったのは、おうちショップのリフォーム終了後、間もなくだった。吉祥寺で店を始めたい思いから、年に2回ギャラリーを借りて、イギリスの工房で見つけた服や雑貨を紹介しているのだ。

オーナーによって改造された同潤会アパートのような賃借物件。間仕切りを取り払った白い空間は、簡素な収納家具とテーブルがあるのみ。それが独特の味わいをかもし出している。どんなものを並べてもさまになり、足を踏み入れるたび、老朽物件の生かし方に感心する。

そのような人の手で整えられた中古住宅とは裏腹に、本書出版後、吉祥寺はさらに大きく変貌した。依然、住みたい街首位に掲げられ、雑誌や書籍などメディアで紹介される頻度も加速している。駅、広場、老朽住宅跡地など、あらゆる場所が開発された。その結果、大手資本の進出はとどまるところを知らず、おそろしい街の作り替えが始まった。日本の街はこうやって魅力をなくし、つまらなくなっていくのだと、つくづく感じさせられた。

その一つが吉祥寺南口にドン・キホーテがオープンしたことだ。丸ごと無印良品が入っていた商業ビルが、突然工事を始め、「〝ドン・キホーテ〟オープン!」の垂れ幕を見た時の衝撃。あのケバケバしく、365日、クリスマスセールのような同店が、井の頭公園入口の吉祥寺・フロントフェイスに出店するとは。何という配慮の無さか。外観をおとなし目にデザインしたと噂されるが、吉祥寺の文化に合うなら、駅至近、ヨドバシカメラ裏に店開きしてファミリー層を呼び込むなど、風俗街だった一帯を官民一体となって図書館を作るなどした環境浄化運動に加勢して欲しかった。

私はごくたまに、東八道路沿いのドンキを利用するが、山と積まれた日用雑貨の横でパンや缶詰が並び、「ドンキ、ドンキ」とけたたましい歌が流れている。

小金井公園近くの同店も営業時間を短縮→閉店。おそらく近隣住民からクレームが出たのだろう。

なぜ、このドンキが吉祥寺のサンクチュアリ、井の頭公園口にやってきたのか、怒り心頭である。

事情通によると、このビルのテナントを募る際、（深夜若者がたむろして風紀が乱れるゆえ）地元商工会もドンキをすぐに却下したという。だが、このビルの家賃が提示されるや、手を挙げていた他の企業は余りの高さに出店を断念。24時間営業するドンキが唯一残ったらしい。

もともと新宿や渋谷より高いといわれる吉祥寺の事務所や店舗に、資本力のないものは参入しづらい。そこそこの家賃とあれば、店をやりたい人が大挙をなして「空き」を待ち（多くの場合、その情報は表に出ない）、奇跡的に「空き」が出ると申込みは殺到する。

「行列のできる不動産屋さん」の存在は、全国のシャッター通りからすれば羨ましい限りだろう。よって大家さんも「値を釣り上げ、申込者を選んで貸す」エントリー主義の強気な姿勢を崩さない。

物件不足、借りたい人が後を絶たない現象によって、吉祥寺の不動産は売買も賃貸も値崩れどころか、ますます高騰して、物件の多くは投機目的になっているともいわれる。この辺りについては、『年収300万円で人気の街に家を買う！』（講談社）に詳しく紹介した。併せてご一読ください。

変わりゆく吉祥寺では、75年間続いた家具店「ミヤケ」も閉店した。パルコ前に建つ「ミヤケ」は、手頃で、皆が買える価格帯の洒落た家具や雑貨、英国アンティークを販売していた。我が家の新築および本書で取り上げた老朽家屋のリフォームでも照明やアンティーク部材が不足した時、駆け込んで何とか手配してくれた吉祥寺の名店だった。「家具や雑貨を販売するより、貸して家賃を取った方が稼げるのかも……」そんなささやきも聞こえた。

ともあれ、地域の文化を知り尽くした商人率いる「ミヤケ」には、閉店発表と同時に愛惜の声が多数寄せられたそうだ。

また、英国展会場のある中道通りの名レストラン、「ビッグアップル」も閉店した。ニューヨークで店を出した経験を持つシェフと、白髪のおじさまによるエビフライ&ステーキセットのおいしかったこと！ 同店も1978年から30年以上、ニューヨークの味を提供し続けてきた。

続いて欲しい商いが消え、歴史や文化など二の次の量販店が街並みを変える。前に土屋正忠元武蔵野市長にお目にかかった時に、個人経営の歴史ある店を守らなければ、住みたい街NO．1の吉祥寺はすたれる。資本力に物を言わせ、高額家賃もいとわない大手チェーンに制圧されると訴えた。

風紀の乱れを案じるむきもあるが、私は若者が溢れ返る＝犯罪が増えるとは思わない。肝心なのはこの街に集まってくる目的だ。娯楽か、買い物か、あるいは暇つぶしか。

夜ブラブラとにぎにぎしい店に吸い寄せられる若者に、吉祥寺へのこだわりはない。そこに不安が巣くう。

2014年10月には、吉祥寺通りと中道通りの交差点角に野村不動産が建てた新築ビルをユニクロが一棟借りした。地下2階・地上7階の店舗面積は2640㎡という都内最大規模。店内にいる買い物客が見える宇宙的なファサードを持つ、その巨大なビルが、宝石のような店が連なる商店街の入口に陣取った。

閉店後も窓辺にズラリと並んだマネキンが、吉祥寺を見下ろすようにライトアップされゆっくり回転する。最後にして、最高に吉祥寺らしさをとどめるこの商店街に、巨大資本のファストファッションが君臨するとは……。

人工的に回転するおそるべきマネキン群を目にするたび、商工会や行政の工夫でどうにかできなかったのかと、腹立ちを通り越し、やるせなくなる。ユニクロが嫌なのではない。資本力のある量販店がわざわざ商店街の顔とならなくてもよいではないか。ここではなく、量販店が建ち並ぶゾーンに収まってくれればよいではないか。

「良かったですなー、ユニクロがやってきてこの辺の相場も上がるし」と、不動産業者にいわれたと憤慨する商店主もいた。

「なぜ、ユニクロができて地価がつり上がると思うのか分からない」

その店主もまた、吉祥寺はどんどん変わると嘆いた。

ほどなく、人気商店街にユニクロの旗がはためいた。商店街とタイアップしたのだろうか。歩けど、歩けどユニクロフラッグが続き、昭和枯れすすきも色あせてゆく。

この世は弱肉強食だろうか。そのしわ寄せが住宅問題や地域経済にのしかかっているように思えてならない。ディベロッパーが開発するピカピカの新築マンションに住み、雨の日も濡れないモールで買い物することで人は本当に幸せになれるのか。新しさと利便性を追求すればコストも上積みになる。広がり続ける格差。絶対貧困と呼ばれる日本の底辺を支える年収200万円台の人達は、住において「ピカピカ便利」の恩恵に与《あず》かれないのに。

ぬぐい去れない矛盾はまだある。2014年7月、総務省は全国の住宅に占める空き屋の割合が2013年10月時点で過去最高の13・5%にあたる819万6400戸にのぼると発表した。空き屋の戸数も08年から62万8500戸も増えている。中でも東京都は81万7200戸と最多。ついで大阪府が67万8800戸、神奈川県が48万6700戸と都市部に集中している。

大きな理由の一つは、人口減少と高齢化のほか、空き家を撤去した場合、土地にかかる固定資産税の軽減措置がなくなってしまったからだという。

いろいろ事情もあるだろうが、何ともったいないことかと思う。実際、吉祥寺近辺にも空き家と思われる物件が放置されているから。

中古住宅を直して使う文化があれば、人気一極集中が引き起こす物件不足も何とかなるのに。

「平成20年国土交通白書」によれば、住宅寿命は日本が約30年、アメリカは約55年、イギリスは約77年と、日本の家の短命ぶりは歴然としている。

また、全住宅流通量に占める中古住宅の割合は、アメリカは90・3%、イギリスは85・8%と、住まいのほとんどが中古住宅なのに対して、日本はわずか13・5%しかない（「平成24年土地白書」国土交通省）。

これはもう石とか木とか部材の問題ではない。新築より安く、リフォームによっていくらでも変わる中古、老朽住宅の価値を私達が認めていくか否かだろう。私達も老朽家屋の可能性を信じれば、妥協せず理想の家――ひいてはライフスタイルまでが手に入る。その土台は不動産が高騰する都市部に溢れている。リフォーム派にとっては見逃せないチャンスだ。

愛される街には大勢の人が集まり、途切れない動線をつくる。活気も生まれ、情報や文化の発信も始まる。

その根幹にあるのは、人やものが放つ多様性だ。少子高齢化が進む今、ますます建物よりロケーションを選ぶことが大切となった。資本家は一等地のビルを買うが、庶民は住みたい街の老朽物件を発掘し、思い通りの家を作る楽しさを求めるのだ。

R不動産などリフォーム済みの個性的な物件を紹介する不動産業者も話題をまき、社会的地位を得た。高額な費用を払わずとも、ますます増え続ける空き屋を含めた老朽家屋を住まいの選択肢に加えることで、個人の住まい、商い、ひいては生き方の選択肢も広がってゆくはずだ。

そのためにも主体的な家づくりのヒントを本書から見つけて下されば幸いだ。

いつかおうちショップを――の夢に支えられて50代半ばとなった。舞台は完成したものの、もっかのところ開店に向かって着々と準備を進めているところだ。山田君は独立を果たし、娘は遠くの街に暮らしている。淋しくないといえば嘘になる。だが、変わりゆくこの街で、今も夢を追いかける私にとって、あの時、夢中で作り出した小さな家は、高級老人ホーム以上に明るい未来を約束してくれている。

怒濤の日々を懐かしむと同時に、夢が結実するよう少しずつ山を登ろう。

本書文庫化にあたっては、『東京吉祥寺田舎暮らし』『ハムステッドの路地を歩けば』など、思い出深い作品を手がけて下さった筑摩書房の鎌田理恵さんにご尽力いただいた。この場を借りて心より御礼申し上げます。

2015年　春　武蔵野にて　　井形慶子

本書は、二〇一一年四月に新潮社より刊行されました。

本文中では、プライバシー保護等の観点から人名などの固有名詞の一部を仮名にしています。

身近な野の草 日本のこころ　稲垣栄洋　三上修・画

日本の里山や畔道になにげなく生えている野草は、食用や染料としていつも私たちのそばにあった。50種を文章と緻密なペン画で紹介。（岡本信人）

間取りの手帖 remix　佐藤和歌子

世の中にこんな奇妙な部屋が存在するとは！ 間取りと一言コメント。文庫化に当たり、間取りとコラムを追加し著者自身が再編集。（南伸坊）

くいしんぼう　高橋みどり

高望みはしない。ゆでた野菜を盛るくらい。でもごはんはちゃんと炊く。料理する、食べる、それを繰り返す、読んでおいしい生活の基本。（高山なおみ）

わたしが輝く オージャスの秘密　服部みれい　蓮村誠 監修

インドの健康法アーユルヴェーダでオージャスとは生命エネルギーのこと。オージャスを増やして元気で魅力的な自分になろう。モテる！ 願いが叶う！

きれいになる気功　鳥飼美和子　津村喬 監修

気功入門に最適。美容によいグルーミング（マッサージ）、肩こりに効く香功、腰痛によい脊柱動功等。文庫化にあたり一分間瞑想術を追加。（津村喬）

整体入門　野口晴哉

日本の東洋医学を代表する著者による初心者向け野口整体のポイント。体の偏りを正す基本の「活元運動」から目的別の運動まで。（伊藤桂一）

風邪の効用　野口晴哉

風邪は自然の健康法である。風邪をうまく経過すれば体の偏りを修復できる。風邪を通して人間の心と体を見つめた、著者代表作。（伊藤桂一）

体癖　野口晴哉

整体の基礎的な体の見方、「体癖」とは？ 人間の体をその構造や感受性の方向によって、12種類に分ける。それぞれの個性を活かす方法とは？（加藤尚宏）

東洋医学セルフケア 365日　長谷川淨潤

風邪、肩凝り、腹痛など体の不調を自分でケアできる方法満載。整体、ヨガ、自然療法等に基づく呼吸法、運動等で心身が変わる。索引付。必携！

自然治癒力を高める快療法　橋本俊彦　橋本雅子

「快療法」は、「操体法」や温熱療法で、心身を気持ちよい方に動かしバランスをとる健康法。それと美味で健康的な料理で免疫力アップ。（瓜生良介）

野口体操
マッサージから始める　羽鳥操

「野口体操」は戦後、野口三千三が創始した身体の技法で、ゆらゆらと体の力を抜く独創的なもの。マッサージを元にした入門書。対談＝坂本龍一

洋酒うんちく百科　福西英三

日本洋酒界の泰斗が、ウイスキーからカクテル、ビールまでありとあらゆるお酒のうんちくを縦横無尽に語り尽す。読むほどにうまい、お酒の本。

ハッとする！折り紙入門　布施知子

たかが紙一枚から動物や花が立ち現われた時、ハッと脳が活性化される。どこでも楽しめる。簡単な鶴の変形、動物、箸袋やのし袋まで。帯文＝松尾貴史

野菜の効用　槇佐知子

ゴボウは糖尿病や視力回復に良い、足腰の弱い人はゴボウと鶏肉の煮込みを。普段食べている野菜を上手に使って健康な体を！　（永井良樹）

温泉力　松田忠徳

本物の温泉が持つ魅力を「温泉力」と名づけ、その魅力をあますところなく紹介する。温泉教授が選ぶ最新版温泉リスト120が好評！

身体感覚を磨く12カ月　松田恵美子

冬は蒸しタオルで首を温め、梅雨時は息を吐き切る練習をする。ヨーガや整体の技を取り入れたセルフケアで元気になる。鴻上尚史氏推薦。

最強の基本食ががんを防ぐ　幕内秀夫

「ごはん、味噌汁、漬物」を基本に油脂と砂糖を避ける。その美味しくて簡単な方法を伝授。食の安全が問われる今こそ最強の基本食。対談＝帯津良一

丸元淑生のシステム料理学　丸元淑生

料理はシステムであり、それを確立すれば安く、おいしく、栄養豊富な食事が家庭でできる。「男の料理」ブームを巻き起こした名著復活。　（丸元喜恵）

宮脇俊三
鉄道紀行セレクション　小池滋編

名編集者であり、鉄道ファンとしても知られる著者の鉄道紀行集。全著作の中から、世代を超えて読み継がれ愛されるユーモアあふれる作品を厳選。

ビール世界史紀行　村上満

ビール造りの第一人者がたどるビールの歴史。メソポタミアでの発祥から修道院でのビール造り、日本への伝来まで。ビール好き必携の一冊。

美しいきもの姿のために 村林益子

着やすさ随一。仕立ての第一人者が、誰よりきものを知る立場から教える、着付けと始末の決定版。間違って覚えないでの願いをこめて。

名字の謎 森岡浩

ユニークな名字にはれっきとした由来がある。全国に本当にある珍しい名字の成り立ちから、名家の誕生まで、なるほど納得、笑える仰天エピソード満載。

からだのメソッド 矢田部英正

立つ、歩く、呼吸するといった基本動作を整えれば、からだの内側から綺麗になれる。日本人の身体技法から学ぶ実践的入門書。（平山満紀）

国マニア 吉田一郎

ハローキティ金貨を使える国があるってほんと⁉ 私たちのありきたりな常識を吹き飛ばしてくれる、世界のどこか変てこな国と地域が大集合。

文庫手帳２０１５ 安野光雅

かるい、ちいさい、使いやすい。ちくま文庫の「文庫手帳２０１５」。見た目は文庫で中身は手帳。安野光雅デザインのロングセラー。

京都、オトナの修学旅行 赤瀬川原平 山下裕二

子ども時代の修学旅行では京都の面白さは分からない！ 襖絵も仏像もお寺の造作もオトナだからこそ味わえるのだ。（みうらじゅん）

身近な野菜のなるほど観察録 稲垣栄洋 三上修・画

「身近な雑草の愉快な生きかた」の姉妹編。なじみの多い野菜たちの個性あふれる思いがけない生命の物語を、美しいペン画イラストとともに。（小池昌代）

地名の謎 今尾恵介

地名を見ればその町が背負ってきた歴史や地形が一目瞭然！ 全国の面白い地名、風変わりな地名、そこから垣間見える地方の事情を読み解く。（泉麻人）

地図の遊び方 今尾恵介

たった一枚の地図でも文化や政治や歴史などさまざまな事情が見えてくる。身近にある地図で、あなたも新たな発見ができるかも⁉（渡邉十絲子）

地図を探偵する 今尾恵介

二万五千分の一の地形図を友として旧街道や廃線跡、飛び地を探偵さながら訪ね歩く。地図をこよなく愛する著者による地図の愉しみ方。（内山郁夫）

身心をひらく整体　河野智聖
パソコンによる目や頭の使いすぎで疲弊した身心を解放し健康になる方法。野口整体や武術を学んだ著者による呼吸法や体操。（安田登）

緊急時の整体ハンドブック　河野智聖
整体を学んだ武術家が、災害時の対処法をやさしく教える。地震、原発事故、水害等の事故の時に落着く方法、救急法、倒れている人の介護・運搬法も。

対話力　私はなぜそう問いかけたのか　小松成美
『中田英寿　鼓動』『イチロー・オン・イチロー』『勘三郎、荒ぶる』の著者が、彼らと重ねた対話とは。人と向き合い対話する力がつく一冊。（花田紀凱）

将棋　自戦記コレクション　後藤元気編
対局者自身だからこそ語りえる戦いの機微と将棋の深み。巨匠たち、トップ棋士の若き日からアマチュア強豪までを収録。文庫オリジナルアンソロジー。

整体的生活術　三枝誠
人間の気の回路は身体の内側にのみあるわけではない。健康に生きるため何と関わって生きるかを選ぶことの必要性を説く。巻末寄稿＝甲野善紀

大和なでしこ整体読本　三枝誠
体が変われば、心も変わる。「野口整体」「養神館合気道」などをベースに多くの身体を観てきた著者が、簡単に行える効果抜群の健康法を解説。

体は何でも知っている　三枝龍生
カリスマ整体師が教える、健康で幸せに生きるための「身心取扱説明書」。性の快感力を高め、創造的な人生を送るための知恵がここにある！

わたしの三面鏡　沢村貞子
七十歳を越えた「脇役女優」が日々の暮らしと、一喜一憂する心を綴ったエッセイ集。気丈に、しかし心おだやかに生きる明治女の矜持。（近藤晋）

老いの道づれ　沢村貞子
夫が生前書き残した「別れの手紙」には感謝の言葉が綴られていた。著者最晩年のエッセイ集。巻末に黒柳徹子氏との対談を収録。（岡崎栄）

身近な雑草の愉快な生きかた　稲垣栄洋　三上修・画
名もなき草たちの暮らしぶりと生き残り戦術を愛情とユーモアに満ちた視線で観察、紹介した植物エッセイ。繊細なイラストも魅力。（宮田珠己）

そば打ちの哲学　石川文康
そばを打ち、食すとき、知性と身体と感覚は交錯し、人生の風景が映し出される——この魅惑的な世界を楽しむためのユニークな入門書。（四方洋）

大東京ぐるぐる自転車　伊藤礼
六十八歳で自転車に乗り始め、はや十四年。ペースメーカーを装着した体で走行した距離は約四万キロ！　味わい深い小冒険の数々。（平松洋子）

心にのこる言葉　小野寺健
海外の小説や評論から取った短い言葉を含蓄ある解説とともに紹介するエッセイ集。名句と人生をめぐるベストセラーをオリジナル編集。

わたしは驢馬に乗って下着をうりにゆきたい　鴨居羊子
新聞記者から下着デザイナーへ。斬新で夢のある下着を世に送り出し、下着ブームを巻き起こした女性起業家の悲喜こもごも。（近代ナリコ）

もの食う本　木村衣有子　武藤良子・絵
四十冊の「もの食う」本たち。文学からノンフィクション、生活書、漫画まで、白眉たる文章を抜き出し咀嚼し味わう一冊。

イギリスだより　カレル・チャペック旅行記コレクション　カレル・チャペック　飯島周編訳
風俗を描かせたら文章も絵もピカ一のチャペック。イングランド各地をまわった楽しいスケッチ満載で、今も変わらぬイギリス人の愛らしさが冴える。

いろんな気持ちが本当の気持ち　長嶋有
何を見ても何をしてもいろいろ考えてしまう。生活も仕事も家族も友情も遊びも、すべて。初エッセイ集が新原稿を加えついに文庫化。（しまおまほ）

世界ぶらり安うま紀行　西川治
屋台や立ち食いや、地元の人しか行かないような店でこそ、本当においしいものが食べられる。世界を食べ歩いた著者の究極グルメ。カラー写真多数。

なんたってドーナツ　早川茉莉編
貧しかった時代の手作りおやつ、日曜学校で出合った素敵なお菓子、毎朝宿泊客にドーナツを配るホテル、哲学させる穴……。文庫オリジナル。

Ai　ジョン・レノンが見た日本　ジョン・レノン絵　オノ・ヨーコ序
ジョン・レノンが、絵とローマ字で日本語を学んだスケッチブック。「おだいじに」「毎日生まれかわります」などジョンが捉えた日本語の新鮮さ。

百日紅《さるすべり》（上） 杉浦日向子

文化爛熟する文化文政期の江戸の街の暮らし・風俗・浮世絵の世界を多彩な手法で描き出す代表作の決定版。初の文庫化。（夢枕獏）

百日紅（下） 杉浦日向子

北斎、娘のお栄、英泉、国直……奔放な絵師たちが闊歩する文化文政の江戸。淡々とした明るさと幻想が織りなす傑作。

決定版 切り裂きジャック 仁賀克雄

19世紀末のロンドンを恐怖に陥れた切り裂きジャック。日本随一の研究家が、あらゆる角度からジャック事件の真相に迫る決定版。（菊地秀行）

自分をいかして生きる 西村佳哲

「いい仕事」には、その人の存在まるごと入ってるんじゃないか。『自分の仕事をつくる』から6年、長い手紙のような思考の記録。（平川克美）

罪と監獄のロンドン スティーブ・ジョーンズ 友成純一訳

ヴィクトリア朝時代、繁栄を謳歌する一方で、貧困・飢餓・疫病が蔓延し、犯罪がはびこる悪徳の都市であったロンドンの暗闇に迫る。図版多数。

英国の貴族 森護

イギリスの歴史に大きな地位を占める公爵10家の成り立ちと変遷を、個性的な人物たちや数々のエピソードに絡めて興味深く紹介する。

わたしの日常茶飯事 有元葉子

毎日のお弁当の工夫、気軽にできるおもてなし料理、見せる収納法やあっという間にできる掃除術など。これで暮らしがぐっと素敵に！（村上卿子）

私の東京町歩き 川本三郎 武田花・写真

佃島、人形町、門前仲町、堀切、千住、日暮里……。路地から路地へ、ひとりひそかに彷徨って町を味わう散歩エッセイ。

今日の小幸せ 上大岡トメ

忙しくてくたくたな日も、お天気が悪くて気分が上がらない日も、アンテナを張っていればごきげんになれます！ 小さな幸せを見つけて元気をだそう。

寄り添って老後 沢村貞子

長年連れ添った夫婦が老いと向き合い毎日を心豊かに暮らすには――。浅草生まれの女優・沢村貞子さんの晩年のエッセイ集。（森まゆみ）

ちくま文庫

よみがえれ！ 老朽家屋《ろうきゅうかおく》

二〇一五年五月十日 第一刷発行

著 者 井形慶子（いがた・けいこ）
発行者 熊沢敏之
発行所 株式会社 筑摩書房
東京都台東区蔵前二―五―三 〒一一一―八七五五
振替〇〇一六〇―八―四一二三
装幀者 安野光雅
印刷所 三松堂印刷株式会社
製本所 三松堂印刷株式会社
乱丁・落丁本の場合は、左記宛にご送付下さい。
送料小社負担でお取り替えいたします。
ご注文・お問い合わせも左記へお願いします。
筑摩書房サービスセンター
埼玉県さいたま市北区櫛引町二―六〇四 〒三三一―八五〇七
電話番号 〇四八―六五一―〇〇五三

ISBN978-4-480-43263-6 C0195